충의의 화신,

관우

⊙ 증산도상생문화총서 025

충의의 화신 관우

발행일	2014년 6월 20일
지은이	원정근
펴낸곳	상생출판
주소	대전광역시 중구 중앙로 79번길 68-6
전화	070-8644-3156
팩스	0505-116-9308
홈페이지	www.sangsaengbooks.co.kr
출판등록	2005년 3월 11일(제175호)

ISBN 978-89-94295-87-9
    978-89-957399-1-4(세트)

충의의 화신,
관우

《 원정근 지음 》

상생출판

들어가는 말

원나라 말기와 명나라 초기에 걸쳐 살았던 나관중羅貫中 (1330~1400)이 지은 『삼국연의三國演義』의 모종강毛宗崗 판본에서는 앞부분과 끝 부분을 모두 시詩로 시작하여 시로 끝을 맺고 있다. 청나라 초기의 모종강은 서사序詞에서 양신楊愼 (1488~1559)의 '임강선臨江仙'을 인용하여 티끌세상과 풀잎 인생에서 시비와 승부를 다투는 위촉오 삼국의 영웅들이 벌이는 역사의 한마당이 그 얼마나 덧없는 꿈에 지나지 않는가를 실답게 그리고 있다.

넘실넘실 장강은 동쪽으로 흘러가는데,　　滾滾長江東逝水,
물보라에 쓸려 영웅들 다 사라졌네.　　浪花淘盡英雄.
옳고 그름과 이기고 짐 모두 헛되어라.　　是非成敗轉頭空.
푸른 산은 옛 그대로 있건만,　　青山依舊在,
붉은 저녁 해 지기 몇 번이던고?　　幾度夕陽紅?
강가의 백발 어부와 늙은 나뭇꾼,　　白髮魚樵江渚上,
가을 밤 봄바람에 익숙하다네.　　慣看秋月春風.
한 병 막걸리로 기쁘게 서로 만나,　　一壺濁酒喜相逢,

고금의 크고 작은 일을,　　　　　　　古今多少事,

담소 가운데 모두 부쳐 보세나.　　　都付笑談中.[1]

　경허鏡虛 선사(1839~1912)는 참선곡參禪曲에서 "홀연忽然히 생각하니 도시몽중都是夢中이로다. 천만고千萬古 영웅호걸英雄豪傑 북망산北邙山 무덤이요 부귀문장富貴文章 쓸데없다. 황천객黃泉客을 면할소냐! 오호嗚呼라! 나의 몸이 풀끝의 이슬이요 바람 속의 등불이라."고 하였다. 인류 역사에 그 빛나는 업적을 남겼던 영웅호걸이 모두 다시는 돌아올 수 없는 황천객이 되고 말았다. 초목은 시들어도 이듬 해 봄이면 다시 되살아나건만, 사람은 한 번 가면 영영 돌아올 기약이 없다. 세월 따라 흘러가고 흘러오는 헛되고 헛된 세상사를 말해 무엇 하랴! 모든 일이 한바탕 꿈속의 덧없는 일에 지나지 않는다. 그러나 역사의 거울을 통해 우리네 인생의 참뜻이 어디에 있는가를 한 번 반추 해보는 것도 그 나름의 의의가 있을 것이다.

　중국의 삼국시대에 밤하늘의 별처럼 빛났다가 사라진 영웅호걸들의 기록을 담고 있는 정사正史『삼국지三國志』에 대한 평가가 새롭게 일어나고 있다. 어떤 사람은 유비와 장비와 관우로 대변되는 '정의의 인물'보다는 시대의 흐름에 따라 역동적으로 대응했던 혼란한 세상에서 난세가 선택한 현실적 영

---

1) 饒彬校注,『三國演義』(臺北: 三民書局 2010), 1쪽.

웅이자 간웅이었던 조조를 새롭게 평가해야 한다고 주장한다. 반면, 어떤 사람은 부도덕과 불의가 양자강의 강물처럼 도도하게 흘러넘치고 빈부 격차로 심화된 중국 사회의 양극화의 현상을 치유하기 위해서는 '충의의 수호신'이었던 관우를 새롭게 평가해야 한다고 주장한다. 이런 사실과 맞물려 우리 사회에서도 마이클 샌델의『정의란 무엇인가』[2]라는 책이 독서계의 돌풍을 일으키고 있다. 우리 사회뿐만 아니라 전 세계의 수많은 사람들이 진정한 '정의란 무엇인가'하는 문제에 크게 주목하고 있다. 이는 '정의正義'를 제대로 정의定義하는 것이 어렵다는 것을 반증하고 있는 것은 아닐까?

　삼국시대(220~280)에 천하를 안정시키고 백성을 구제한다는 대의명분을 가지고 세 사람의 걸출한 영웅이 분연히 옷깃을 떨치고 세상에 나왔다. 위나라의 조조曹操(155~220)와 촉나라의 유비劉備(161~223)와 오나라의 손권孫權(181~252)이 바로 그들이다. 세 사람은 각기 위촉오의 통치자로서 천하 통일을 위해 한평생을 바쳤다. 그러나 여기서 우리가 주목하고자 하는 사람은 일개의 무장에 지나지 않았던 관우이다. 나관중의『삼국연의』에 따르면, 관우는 유비, 장비와 함께 복숭아 나무 아래에서 '도원결의桃園結義'를 맺은 뒤 생사고락을 같이하면서 주군에 대한 충성과 피를 나누지 않은 형제와 동료에

---

2) 마이클 샌델, 이창신 옮김,『정의란 무엇인가』(서울: 김영사, 2010.)

유비와 관우와 장비는
복숭아 동산에서 의형제를 맺었다.

게 의리를 지킨 '충의忠義'의 화신이다.

관우는 대략 2세기 후반에 태어나 3세기 초반까지 산 역사적 인물이다. 하지만 관우는 후한後漢(23~220) 말에서 오늘에 이르기까지 약 1800여년의 긴 역사 과정을 거쳐 전쟁 영웅에서 천상의 신적인 존재로 격상된다. 이런 경우는 세계 역사에서도 그 유래를 찾아보기 어렵다. 오늘날에도 관우는 많은 사람들에 의해 존숭을 받고 있다. 앙리 마스페로는 관우에 대해 이렇게 설명한다.

옥황의 현세의 대리자로서 오랫동안 역할을 했던 동악대제가 이제는 최근에 생긴, 그러나 대단히 중요하게 여겨지는 신으로 대체되었다. 그가 바로 관제關帝이다. 그는 동악대제처럼 모든 것을 기록할 의무를 지고 있는 대규모 관료에 둘러싸여 있는 것은 아니지만, 오히려 인간의 평화를 해치는 모든 것, 다시 말해서 외적, 국내 반란자들, 주술사들이나 또는 갖가지 악귀들, 해로운 짐승들에 대항하여 언제나 개입할 준비가 되어 있는 일종의 협객이다. 어떤 악마도 그에게 감히 대응하지 못한다. 모든 나쁜 주문은 그의 이름이 언급되자마자 깨지고, 심지어는 극장에서 그의 역할을 하는 배우가 그냥 보이기만 해도 악귀가 도망을 친다. 오늘날의 종교 생활에서 그가 중요한 위치를 차지하고 있다는 사실은 그에 대한

숭배가 상대적으로 근대적인 만큼 매우 흥미로운 것이다.[3]

관우는 『삼국지』의 영웅이었을 뿐만 아니라 국가의 수호신이자 유불도에서 떠받드는 신이며, 갖가지 곤경과 위험에서 사람들을 구제해 주는 민중의 파수꾼이었다.

중국, 대만, 일본, 태국, 말레이시아, 한국 등에서는 관우를 신적 존재로 떠받들고 있다. 마카오의 암흑가를 지배하는 조직 폭력배들은 매일 아침 관우상에 절을 한 뒤에 그날의 행동 계획을 세우고, 말레이시아에서는 재판관들이 법정에서 재판을 시작하기 전에 반드시 관우상 앞에서 공정을 서약하며, 홍콩의 어느 경찰서에서는 사건이 발생하면 경찰서 안에 모시고 있는 관우상 앞에 가서 사건의 조기 해결을 기원한 뒤에 사건 현장으로 출동한다고 한다.[4]

현재의 관우신앙이란 측면에 초점을 맞추면, 중국 대륙뿐만 아니라 화교들이 살고 있는 동남아시아와 한국, 일본, 미국 등에까지 걸쳐 있다는 측면에서 전 세계적 '관제 문화권'을 형성하고 있다고 하겠다. 관우는 "이슬람권을 제외하면 아시아 제일의 신"이다.[5]

---

3) 앙리 마스페로, 신하령 외 옮김, 『도교』(서울: 까치, 1999), 165쪽.
4) 이마이즈미준노스케, 이만옥 옮김, 『관우』(서울: 예담, 2000), 8~9쪽.
5) 이마이즈미준노스케, 이만옥 옮김, 앞의 책, 10쪽.

우리는 아래에서 역사적 인물이었던 『삼국지』의 영웅 관우가 왜 중국과 한국에서 신이 되었는가 하는 문제의식을 중심으로 네 가지 문제를 다루고자 한다. 첫째, 중국의 관우신앙은 어떤 과정을 통해 어떻게 형성되었는가? 둘째, 한국의 관우신앙은 중국의 관우신앙과 견주어 볼 때 어떤 점이 같고 어떤 점이 다른가? 셋째, 증산도 사상에서 관우는 어떤 위치와 역할을 차지하고 있는가? 넷째, 오늘을 사는 우리에게 관우는 어떤 의의를 지닐까?

추상같은 절개와 태양같이 뜨거운 충의를 보여준
충의의 화신, 관우

목차

충의의 화신,
관우

1. 관우와 충의

    사마천司馬遷은 『사기』「백이열전」에서 인간 역사를 되돌아보면서 통탄한다. 이른바 천도天道라는 것은 옳은 것인가, 그른 것인가? 인간사회에 정의가 있다면, 어째서 백이伯夷나 숙제叔齊와 같이 착한 사람은 서산에서 고사리를 캐 먹다가 굶어 죽었으며, 안회顔回처럼 학문을 좋아하며 뒤주가 비어도 태연하게 삶을 즐겼던 착한 사람은 일찍 죽을 수밖에 없었느냐고 피를 토하는 절규의 심정으로 외친다. 반면, 도척盜跖처럼 악하디 악한 도적은 매일 같이 죄 없는 사람을 죽이고 흉폭한 행동을 제멋대로 하면서 수천의 무리를 모아 천하를 횡행하였지만, 한평생 온갖 부귀영화를 누리면서 잘 살 수 있었는가 하는 것이다.[1] 사마천이 죽은 뒤로 얼마나 많은 사람들이 사마천의 애절한 한탄과 절규에 공감하였을까?

    인간 세상에 정의는 있는가? 모든 것을 둘로 가르는 주객이 분법적 사유방식으로 남아 있는 한 결코 인간사회의 정의는 절대적인 준거를 찾기 어렵다. 옳음과 그름, 이익과 손해, 높

---

1) 이성규, 『사기』(서울: 서울대출판부, 1987), 104~105쪽.

음과 낮음, 큼과 작음 등 이항대립의 사유방식이 존재한다면, 인간이 말하는 정의는 언제나 상대적일 수밖에 없다. 상대적 정의는 시대적 상황과 조건에 따라 끊임없는 분란과 혼란을 조장하기 마련이다. 이 때문에 인류의 역사는 진정한 정의가 무엇인가 하는 문제를 둘러싸고 예로부터 지금까지 끝없는 논쟁을 지속하고 있는 것이다.

인류의 역사는 한편으로는 인간 세상에 고정적으로 불변하는 객관적인 정의가 존재하기 어렵다는 것을 보여주면서도, 다른 한편으로는 보편타당한 정의를 세우기 위해 부단한 노력을 경주하였다. 동아시아에서 충의忠義의 화신으로 평가되는 역사적 인물이 있다. 삼국시대 용장으로 이름을 떨친 관우가 바로 그 사람이다. 관우는 살아서는 충절忠節과 의리義理의 파수꾼으로 존숭을 받다가 죽어서는 역대 제왕과 민중으로부터 충성과 의리의 수호신이 되었다. 그렇다면 중국과 한국에서 관우는 왜 신이 되었는가? 관우는 삼국지의 영웅에서 어떻게 신의 반열에 오르게 되었는가?

1.1 관우는 누구인가

우리가 관우를 논의 대상으로 삼을 때, 많고 많은 사람들

가운데 왜 하필 관우를 다루어야 하는가 하는 문제를 제기하지 않을 수 없다.[2] 관우는 중국 역사에서 매우 특이한 인물의 한 사람으로 평가를 받는다. 삼국시대(220~280)에서부터 청대(1616~1912)에 이르기까지 역대 제왕들의 추존을 받아 관우는 "후侯에서 공公, 공에서 왕王, 왕에서 제帝, 제에서 신神"으로 승격되었다.[3] 중국 역사상 관우는 가장 존경받고 신성시되는 한 사람이 되었으며, 명말 청초에는 무성 강태공을 무묘에서 밀어내고 공자와 함께 '문무이성文武二聖'으로 병칭되는 더없는 큰 영광을 누렸다.[4]

관우는 후한 말과 삼국시대에 실제로 생존하고 활약했던 무장이었다. 후한 말은 환관이 정권을 잡아 부패가 극에 달하면서 말기적 증세를 드러낸다. 관리들의 수탈과 압박에 시달리던 민중들이 "푸른 하늘이 죽었으니, 마땅히 누런 하늘이 서리라!"(蒼天已死, 黃天當立!)라는 구호 아래 황건적의 난을 일으키면서, 세상은 혼란의 소용돌이에 휩싸였다.

관우의 생애

서진西晉(265~317) 때 진수陳壽(233~297)가 지은 『삼국지·촉서·관우전』에서 전하고 있는 관우의 생애와 행적은

---

2) 이마이즈미준노스케, 이만옥 옮김, 앞의 책, 10쪽.
3) 이성규, 『사기』(서울: 서울대출판부, 1987), 104~105쪽.
4) 유상규, 「한·중 관제신앙의 사적 전개와 전승 양상」(고려대 석사학위 논문, 2010), 13쪽.

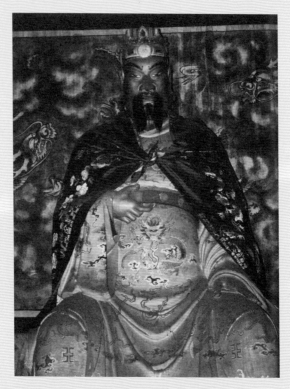

산서성 태원시의 관우묘에 있는 관우의 황금상

954자에 불과하다. 진수는 관우가 태어난 해와 그의 선조나 가족관계에 대해 명확하게 밝히고 있지 않다.

관우의 자는 운장雲長이고, 본래의 자는 장생長生이며, 하동군河東郡 해현解縣 사람이다. 탁군으로 달아나 망명했다. 유비가 고향에서 무리를 모으니, 관우와 장비는 그의 호위를 담당했다. 유비는 평원상이 된 뒤, 관우와 장비를 별무사마로 삼고 군대를 나누어서 통솔하도록 했다. 유비와 두 사람은 잠잘 때에는 곧 침상을 함께 했으며, 우애는 형제와 같았다. 그러나 여럿이 모여 있는 자리에서 관우와 장비는 온종일 유비를 모시고 서 있었으며, 유비를 따라 돌아다니며 온갖 어려움과 험난함을 피하지 않았다.[5]

관우는 하동군河東郡 해현解縣, 즉 지금의 산서성山西省 운성시運城市 상평현常平鄉 상평촌常平村 사람이다. 나관중은 『삼국연의』에서 관우가 악덕 소금 장수를 죽이고 고향인 해현을 등지고 탁군涿郡(지금의 하북성河北省 탁현涿縣)으로 도망가서

---

5) 方北辰注譯, 『三國志注譯』(西安: 陝西人民出版社, 1995), 1696쪽. "關羽字雲長, 本字長生, 河東解縣人也. 亡命奔涿郡, 先主於鄉里合徒衆, 而羽與張飛爲之禦侮. 先主爲平原相, 以羽飛爲別部司馬, 分統部曲. 先主與二人寢則同牀, 恩若兄弟, 而稠人廣坐, 侍立終日, 隨先主周旋, 不避艱險."『삼국지』의 번역은 김원중이 옮긴 『정사 삼국지』(서울: 민음사, 2007)를 참조하여 부분적으로 수정하였다.

 관우의 자는 운장雲長
또는 장생長生이다.

살았다고 한다. 관운장은 그곳에 살고 있던 유비와 장비를 만나 장비 집의 화원花園에서 '도원결의桃園結義'를 통해 '의형제'를 맺고 힘을 합쳐 유비가 촉한을 세우는 데 결정적인 역할을 하였다.

건안 5년에 조조가 동쪽 정벌에 나서자, 유비는 원소에게로 달려갔다. 조조는 관우를 사로잡아 돌아왔으며, 그를 편장군으로 임명하고 매우 후하게 예우했다. 원소가 대장군 안량을 파견하여 백마에서 동군 태수 유연을 공격했는데, 조조가 장료와 관우를 선봉으로 하여 공격했다. 관우는 안량의 깃발과 수레덮개를 멀리 바라보다가 말에 채찍질을 하여 만 명의 대군 속에 있는 안량을 찌르고 그의 머리를 베어 돌아왔다. 원소의 장수들 가운데 관우를 당해 낼 수 있는 자가 없었으므로 곧 백마의 포위를 풀었다. 조조는 즉시 표를 올려 관우를 한수정후로 봉했다.[6]

6) 方北辰注譯, 앞의 책, 1696쪽. "建安五年, 曹公東征, 先主奔原紹. 曹公禽羽以歸, 拜爲偏將軍, 禮之甚厚. 紹遣大將顔良攻東郡太守劉延於白馬, 曹公使張遼及羽

조조는 건안 5년(200)에 소패小沛에서 원소에게 몸을 의탁하고 있던 유비군을 격퇴시키고 관우를 포로로 잡았다. 『삼국연의』에 의하면, 관우는 조조의 장군인 장료張遼의 설득으로 조조에게 항복하였다. 관우는 조조에게 항복하면서 세 가지 조건을 내세우면서 유비에 대한 충성과 의리를 지켰다. 첫째, 관우는 조조에게 항복하는 것이 아니라 한나라 왕실에 항복하는 것이다. 둘째, 유비의 두 부인의 안전을 보장한다. 셋째, 유비가 살아 있다면 언제든지 유비에게로 돌아간다. 능력이 뛰어난 인재라면 묻지도 않고 따지지도 않고 과감하게 기용했던 조조는, 포로가 되었으면서도 당당한 관우에게 천리마인 적토마와 금은보화를 비롯한 후한 예물을 주고 편장군偏將軍으로 삼아 우대하였다. 관우는 조조의 은혜에 백마 전투의 승리로 보답하였다. 그러나 관우는 유비와의 의리를 지키기 위해 조조의 곁을 떠난다.

당초 조조는 관우의 사람 됨됨이가 장대하다고 평가했지만, 그의 마음에 오래 머물 뜻이 없음을 살피고 장료에게 말했다. '당신이 그와의 정에 기대어 물어보시오.' 오래지 않아 장료가 관우에게 묻자, 관우는 탄식하며 말했다. '나는 조공께서 나를 후하게 대우해 주는 것

爲先鋒擊之, 羽望見良麾蓋, 策馬刺良於萬衆之中, 斬其首還, 紹諸將莫能當者, 遂解白馬圍. 曹公卽表封羽爲漢壽亭侯."

을 잘 알고 있습니다. 그러나 나는 유장군에게 깊은 은혜를 받았고, 함께 죽기로 맹세하였으니 그를 배신할 수 없습니다. 나는 끝까지 남아 있을 수는 없으며, 의당 공을 세워 조공에게 보답을 한 후에 떠날 것입니다.' 장료는 관우의 말을 조조에게 보고하자, 조조는 그를 의롭게 여겼다. 관우가 안량을 죽이자, 조조는 관우가 틀림없이 떠날 것임을 알고 더욱 두터운 상을 주었다. 관우는 조조가 내린 상을 전부 봉하고 작별의 편지를 써 놓고 원소 군대 속의 유비에게로 달려갔다. 주위에서 그를 추격하려고 했지만, 조조가 말했다. '저마다 각기 자신의 주인이 있으니, 추격하지 마시오.'[7]

7) 方北辰注譯, 앞의 책, 1696~1697쪽. "初, 曹公壯羽爲人, 而察其心神無久留之

적벽대전이 일어나 조조의 군대가 대패했을 때, 의리에 충직한 관우는 지난 날 두터운 은혜를 베풀어준 조조를 차마 죽이지 못하고 살려준다. 이는 나관중이 관우의 의리를 강조하기 위해 특별히 비중 있게 다룬 부분이다.

관우는 어떤 풍모와 재능을 지닌 인물이었을까? 유비는 서쪽으로 익주를 점령한 뒤에 관우에게 형주를 감독하고 관리하는 일을 맡겼다. 그 때 마초가 촉에 투항하였다. 관우는 제갈량에게 편지를 보내 마초의 인품과 재능이 어떤지를 넌지시 물었다. 제갈량은 관우에게

편지를 보내면서 관우를 문무를 겸비했던 맹기보다 더 출중한 능력을 지닌 인물로 평가한다. 그런데 흥미로운 것은 제갈량이 관우에게 편지를 보내면서 관우를 아름다운 수염을 지닌 '미염공美髥公'으로 표현하고 있다는 사실이다.

관운장은 아름다운 멋진 수염을 지녔다고 해서 '미염공'으로 불린다.

意, 謂張遼曰:'卿試以情問之.' 旣而遼以問羽, 羽歎曰:'吾極知曹公待我厚, 然吾受劉將軍厚恩, 誓以共死, 不可背之. 吾終不留, 吾要當立效以報曹公乃去.' 遼以羽言報曹公, 曹公義之. 及羽殺顔良, 曹公知其必去, 重加賞賜. 羽盡封其所賜, 拜書告辭. 以奔先主於袁軍, 左右欲追之, 曹公曰:'彼各爲其主, 勿追也.'

맹기는 문무를 겸비했으며, 웅대함과 장열함이 일반 사람들보다 뛰어났다. 당대의 걸출한 인물로서 한나라의 경포나 팽월 같은 무리여서 익덕과 더불어 선두를 다툴 수 있지만, 미염공 당신의 출중함에는 미치지 못한다. 관우는 수염을 아름답게 여겼기 때문에 제갈량이 그를 염이라 부른 것이다. 관우는 편지를 보고 매우 기뻐하며 그것을 빈객에게 보여주었다.[8]

관우의 영웅적 기개와 행위에 대한 일화가 『삼국지 · 촉서 · 관우전』에 전해지고 있다. 관우는 일찍이 날아오는 화살에 왼쪽 팔이 관통된 적이 있었다. 그 상처는 완쾌되었지만, 구름이 잔뜩 낀 날이나 비가 오는 날에는 뼈에 항상 통증이 있었다. 의원이 관우에게 절개 수술을 하여 뼛속의 독을 제거하면 통증이 사라질 것이라고 하였다. 그러자 관우는 의원에게 팔을 수술하도록 하면서 장수로서의 영웅적 풍모를 보여준다.

관우는 곧 팔을 펴고 의원에게 절개하도록 하였다. 그 때 관우는 마침 장수들을 초청하여 연회를 열어 서로 마주하고 있었다. 팔의 피가 흘러 떨어져 그릇에 가득했지

----

8) 方北辰注譯, 앞의 책, 1697쪽. "孟起兼資文武, 雄烈過人, 一世之傑, 黥彭之徒, 當與益德並驅爭先, 猶未及髥之絶倫逸羣也.' 羽美鬚髥, 故亮謂之髥. 羽省書大悅, 以示賓客."

만, 관우는 구운 고기를 자르고 술을 마시며 스스로 태연하게 웃으면서 말을 하였다.[9]

건안 24년(219)에 유비가 한중왕이 되자, 관우는 전장군前將軍에 임명된다.[10] 그러나 손권의 오나라와 전투를 벌이다가 맥성에서 고립된 관우는 성벽에 깃발과 인형을 나란히 늘어놓아서 군세가 있는 것처럼 가장하고 도망을 치다가 여몽의 복병에게 사로잡혀 아들인 관평과 함께 임저臨沮에서 참수되고 만다. 관우가 생포된 곳에 대해서『삼국지』「오주전」은 장향이라 하고,『삼국연의』는 결석이라 한다. 두 곳 모두 임저에 속하는 지역이다. 현재 지명으로는 호북성 원안현에서 서쪽으로 20킬로미터 떨어진 곳이라고 한다.[11]

손권은 이미 강릉을 점령하고 관우의 병사들과 처자식들을 전부 포로로 잡았으므로 관우의 군대는 흩어졌다. 손권은 장수를 보내 관우를 공격하고, 관우와 그의 아들 관평을 임저에서 참수했다. 관우의 시호를 추중하여 장무후로 하였다. 아들 관흥이 작위를 계승했다. 관흥

---

9) 方北辰注譯, 앞의 책, 1698쪽. "羽便伸臂令醫劈之. 時羽適請諸將飲食相對, 臂血流離, 盈於盤器, 而羽割炙引酒, 言笑自若."
10) 方北辰注譯, 앞의 책, 1698쪽. "二十四年, 先主爲漢中王, 拜羽爲前將軍, 假節鉞."
11) 이마이즈미준노스케, 이만옥 옮김, 앞의 책, 317쪽.

은 자가 안국이고, 어릴 때부터 아름다운 소문이 있었으므로 승상 제갈량은 그를 매우 기이하게 여겼다. 약관의 나이에 시중·중감군이 되었지만, 몇 년 후에 세상을 떠났다. 아들 관통이 작위를 계승하였고, 공주를 아내로 맞이했으며, 관직은 호분중랑장까지 올라갔다. 관통이 죽은 후, 아들이 없었으므로 관흥의 서자인 관이에게 작위를 잇도록 했다.[12)]

『삼국지』「무제기」에는 건안 25년(220) 정월에 조조가 손권으로부터 관우의 머리를 받은 것으로 기록 되어 있다.

　그렇다면 우리는 관우를 어떻게 평가해야 할 것인가? 모종강은 『삼국연의』에서 후세 사람들이 관우의 풍모에 대해 관제묘 사당에다 새겨놓은 다음과 같은 시를 소개하고 있다.

붉은 얼굴에 붉은 마음을 품고	赤面秉赤心,
적토마를 몰고 바람 따라	騎赤兔追風,
달릴 때도 적제를 잊은 적 없네.	馳驅時無忘赤帝,
푸른 등 아래서 역사를 읽고	青燈觀青史,
청룡언월도를 짚으니	仗青龍偃月,

---

12) 權已據江陵, 盡虜羽士衆妻子, 羽軍遂散. 權遺將逆擊羽, 斬羽及子平于臨沮. 追謚羽曰壯繆侯. 子興嗣. 興子安國, 少有令聞, 丞相諸葛亮深器異之. 弱冠爲侍中中監軍, 數歲卒. 子統嗣, 尙公主, 官至虎賁中朗將. 卒, 無子, 以興庶子彝續封.”

낙양의 관림에 있는 관우상

왼쪽에는 주창周倉이 오른쪽에는 관평關平이 관우를 호위하고 있다.

마음 깊은 곳까지 푸른 하늘에 부끄럽지 않네.

隱微處不愧靑天.[13]

한나라 말 당해낼 인재가 없으니	漢末才無敵,
관운장 무리 가운데 홀로 빼어났네.	雲長獨出群.
신묘한 위엄으로 무용을 떨치고	神威能奮武,
부드럽고 우아하게 글도 알았네.	儒雅更知文.
하늘에 뜬 해 마음은 거울 같고	天日心如鏡,
춘추의 의리는 구름에 닿았네.	春秋義薄雲.
환하게 만고에 전하리니	昭然垂萬古,
삼국시절의 으뜸만 아니로세.	不止冠三分.[14]

관우는 바람을 휘몰면서 적토마赤兔馬를 타고 청룡언월도靑龍偃月刀를 휘두르며 전쟁터를 누빌 때에도 주군인 적제赤帝 유비를 한시도 잊은 적이 없었다. 또한 관우는 푸른 등불 아래서 『춘추』를 읽으며 인생을 올곧게 살았으니, 푸른 하늘에 한 점 부끄러움도 없었다. 『삼국연의』는 관우를 문무를 두루 갖춘 인물로 보는 것이다. 관우의 주군 유비에 대한 충성심은 하늘의 붉은 해를 뚫고 우뚝 솟았으며, 인간 역사에 대한 의로움은 하늘을 찌를 듯 높았다.

---

13) 饒彬校注, 앞의 책, 645쪽.
14) 饒彬校注, 앞의 책, 644쪽.

『삼국지 · 위서 · 유엽전劉曄傳』에 따르면, 위나라 문제와 신하들은 관우를 '명장名將'이라고 불렀다. 『삼국지 · 위서 · 곽가전郭嘉傳』에는 조조의 유명한 책사인 곽가가 관우와 장비를 '만인지적萬人之敵'이라 불렀다. 진수는 『삼국지 · 촉서 · 선주전』에서 관우와 장비를 논평하면서 "모두 만인의 적이요, 호랑이 같은 신하이다."(皆萬人之敵, 爲世虎臣.)라고 하였다. 당시 '만인의 적'이란 만인을 대적할 수 있는 무용을 지닌 용장을 칭송하는 말이었다.[15] 『삼국지』에 주석을 단 배송지裴松之(372~451)는 『삼국지 · 촉서 · 선주전』에서 『부자傳子』를 인

15) 盧曉衡主編, 앞의 책, 30쪽.

용하면서 "장비와 관우는 용맹스러우면서도 의를 지니고 있어, 모두 만인을 대적할 만한 장수가 되었다."(張飛關羽勇而有義, 皆萬人之敵, 爲之將也.)라고 하여, 특히 관우를 '용勇'과 '의義'를 지닌 무장으로 평가한다.[16]

관우가 '충의'를 지닌 인물로 평가되는 계기가 되는 사건은 진수의 『삼국지』와 나관중의 『삼국연의』를 중심으로 분석하여 보면 크게 세 가지로 나누어 볼 수 있다. 첫째, '도원결의'이다. 유비와 관우와 장비 세 사람이 복사꽃 정원에서 천하의 정의를 수호하기 위한 결의를 다진 일이다. 세 사람은 '도원결의'의 끝에 나오는 "의를 저버리고 은혜를 잊어버리는 자는 하늘과 사람이 함께 죽이리라."(背義忘恩, 天人共戮.)는 말로서 죽어도 결코 변치 않을 충의를 다짐한다.[17] 둘째, 관우는 조조의 포로가 되어서도 유비의 은덕을 잊지 않고 조조의 회유와 유혹을 물리치고 유비의 두 부인을 정성껏 모시다가 마침내 유비에게로 다시 돌아간다. 동지 사이의 의리를 넘어서 군주와 신하 사이에서 마땅히 지켜야 할 충절과 의리를 보여준 것이다. 셋째, 손권의 회유에도 불구하고 한사코 촉한의 유비를 위해 충직함을 보이다가 마침내 임저에서 아들 관평과 함께 참살을 당하는 꿋꿋한 지조와 절개를 보여준다.

---

16) 盧曉衡主編, 앞의 책, 47쪽.

17) 나채훈, 『관우의 의리론』(서울: 보아스, 2012), 40쪽.

1.2 충의란 무엇인가

본격적으로 논의를 전개하기 전에 관우를 평가하는 가장 중요한 잣대로 등장하는 '충'과 '의'가 구체적으로 무엇을 뜻하는지 살펴보기로 하자. 고대 중국에서 충忠이란 글자는 의미 요소[心]와 소리 요소[中]로 구성된 형성 문자이다. 허신은 『설문해자』에서 "충은 공경하는 것이다."(忠, 敬也.)라고 하였다. 이에 대해, 청나라의 단옥재는 "공경은 엄숙한 것이다. 마음을 다하여 공경하지 않음이 없는 것이다."(敬, 肅也. 未有盡心而不敬者也.)라고 주석을 달았다. 따라서 충에는 공경, 진심, 엄숙 등의 의미가 함축되어 있다.[18]

충忠의 정의

충은 원래 진심眞心을 다하는 것을 뜻했다. 이에 대응되는 말이 '신信'이다. 자신의 진심을 상대방이 분명하게 알 수 있도록 보여줌으로써 상대방의 믿음을 얻는 것을 뜻한다. 그러기에 충은 원래 개인 도덕과 관련된 개념이었다. 설령 충이 군주와 신하의 관계에서 사용될지라도, 충은 신하가 군주에게 마음을 충실하게 다한다는 개인윤리의 의미로 사용되었다. 『논어·팔일』에서 공자는 "군주는 신하를 예로써 부리

---

18) 이동철외, 『21세기의 동양철학』(서울: 을유문화사, 2005), 231쪽.

고, 신하는 군주를 충성으로 섬겨야"(君使臣以禮, 臣事君以忠)
한다고 주장한다. 『노자·18장』에는 "육친이 불화하면 효성
과 자애로움이 있고, 국가가 혼란하면 충성스러운 신하가 있
다"(六親不和有孝慈, 國家昏亂有忠臣.)라고 하여, 가족 관계나
국가 질서가 어지럽게 되었을 때 특히 효성, 자애, 충성 등과
같은 덕목이 요구된다고 본다. 앞서 살펴본 것처럼, 『논어』와
『노자』에 나오는 충의 개념은 군주와 신하 사이의 덕목으로
사용된 초기의 사례라고 할 수 있다.[19]

진한의 통일 제국에 이르러서는 효의 개념과 함께 신하가
군주에게 마땅히 지켜야 할 덕목 중에 충이 가장 중요한 개
념으로 등장한다. 후한에 이르러 마융馬融이 편찬하고 정현
이 주석을 단 것으로 알려진 『충경忠經』이 등장하여 충과 효
의 관계를 하나로 조화시키려고 한다. '효'의 궁극적 완성은
충을 통해서만 이루어질 수 있다는 것이 『충경忠經』의 요지
이다. 이는 효 이념의 확충을 통해 국가의 통치 기반을 확보
하려는 것이다. 『예기·제통』에는 "충신은 군주를 섬기고 효
자는 부모를 섬기는데, 그 근본은 하나이다."(忠臣以事其君,
孝子以事其親, 其本一也.)라고 하여, 부모를 섬기는 것은 백
성들의 부모라 일컬어지는 군주를 섬기는 것과 통한다고 본

---

19) 溝口雄三외 저, 김석근외 옮김, 『중국사상문화사전』(서울: 민족문화문고,
2003), 242쪽.

다.[20)]

예교 국가로 일컬을 정도로 예의를 강조했던 한나라였지만, 후기로 갈수록 형식적인 예교 질서에 치우쳤으며, 이에 대한 부정적 인식이 사회 전반으로 확산되기 시작한다. 위진 시대에 이르면, 혜강嵇康과 완적阮籍 등의 죽림칠현竹林七賢이 등장하면서 우주 만물의 자연 질서에 근거하여 인간사회의 도덕 질서가 지닌 기만성과 허구성을 신랄하게 비판하게 된다. 죽림칠현의 한 사람이었던 완적은 모친의 상례 때 돼지고기를 먹고 술을 마시면서도, 한 번 곡을 하면 피를 토하고 혼절할 정도로 슬피 우는 기행을 저지른다. 이는 자연 질서에 어긋나는 허위적이고 가식적인 예교 질서를 풍자하고 비판하기 위한 것이었다. 이는 1918년 노신魯迅이 쓴 『광인일기狂人日記』에서 "예교가 사람을 잡아먹는다."(禮敎吃人)고 비판하는 것과 같은 맥락이다. 그렇다면 삼국시대에 군신 간의 충은 어떻게 정립되었을까?

조조의 후의와 회유에도 불구하고 본래의 주군인 유비에게 돌아감으로써 후세에 '충의신무관성대제忠義神武關聖大帝'로 신격화된 인물이 바로 관우이다. 위진 시대의 군신 관계는 주군에 대한 일방적인 충성이 아니라 주군이 신하에게 내리는 은혜[恩]와 신하가 주군에게 바치는 의리[義]의 상호관계에 의

20) 溝口雄三외 저, 김석근외 옮김, 앞의 책, 245쪽.

해 성립되었다. 그 배경에는 은혜와 의리에 입각한 협객들을 기반으로 이루어진 군벌 집단이 후한 말부터 각지에 성행하였고, 그런 군벌들이 위진 시대의 정치적 중심 세력이었던 시대적 정황이 깔려 있다.[21]

중국 정사正史에서 「충의전忠義傳」이 등장하는 첫 역사서는 당 태종太宗의 명에 의해 편찬된 『진서』이다. 「충의전忠義傳」은 서진 말기에 여덟 명의 황족이 벌인 권력 쟁탈전인 '팔왕의 난'(290~306) 이후 은덕과 의리를 저버리고 배반한 수많은 인물들 가운데서 절개와 지조를 지켜 나라를 수호한 충신을 표창하여 후세의 모범으로 삼으려는 목적에서 생겨난 것이다. 통일 제국으로서의 기반을 착실하게 다지던 당 태종은 국가에 공헌하는 것을 충으로 규정하고, 충을 다하는 것을 효를 이루는 하나의 수단으로 간주한다. 당이라는 안정된 통일 제국에서 충이 효보다 더 중시되었으며, 군신 관계에서도 은의恩義를 전제로 하지 않는 충이 강조되었다.[22]

충신忠信과 충서忠恕 등에서 사용되고 있는 일반적인 의미에서의 충은 그 내용이 종래와 별다른 차이가 없었지만, 송대에 이르러 성리학에 의해 충은 실천철학으로 체계화되었다. 주자에 의하면, 마음의 진실성이 바로 충이다. 주자는 『논어집주』에서 "자기를 다하는 것을 충이라 한다."(盡己之

---

21) 溝口雄三외 저, 김석근외 옮김, 앞의 책, 251쪽.
22) 溝口雄三외 저, 김석근외 옮김, 앞의 책, 252쪽.

謂忠.)고 하여, 자기의 몸과 마음을 다하는 것을 충이라고 정의한다. 주자는 군신 관계의 도덕이 특히 충으로 일컬어지는 것은 군신 관계가 천리天理로 주어지는 것이기는 하지만 의로써 서로 결합되기 때문이라고 본다. 군신 간의 충은 왕조가 위기에 처하면서 더욱 고조되는 경향을 보인다. 송 왕조가 이민족에 의해 멸망되는 과정에서 충 사상이 사회 전반에 침투되었다. 흥미로운 점은 남송 시대의 선승인 대혜종고大慧宗杲가 『법어法語・시성기의示成機宜』에서 보리심을 충의의 마음으로 규정하여, 깨달음과 충을 일체화시킨다는 사실이다.[23]

명말의 이지李贄는 『수호전水滸傳』을 '충의의 책'이라고 칭송하였다. 『수호전』에서 충의는 군주에 대한 충 이외에도 동료들 간의 성실과 정의 등 광의의 의미로 사용된다. 명말 청초에는 청에 대한 저항 운동과 청나라에 출사하지 않는 것 등을 충으로 간주하였다. 청나라의 제5대 황제인 옹정제雍正帝 (1678~1735)는 붕당을 금하고 황제의 권력을 강화하기 위해 군신 관계를 절대화하고 관료들에게 충성을 요구하였다. 청말의 사회적 위기는 사상의 차원에서도 충효를 비롯한 종래의 윤리 체계 전반의 동요를 초래하였다. 강상 윤리의 전제였던 왕조 자체의 변혁이 문제가 되었기 때문이다.[24]

---

23) 溝口雄三외 저, 김석근외 옮김, 앞의 책, 254쪽.
24) 溝口雄三외 저, 김석근외 옮김, 앞의 책, 255쪽.

의義의 정의

의義란 무엇일가? 의는 본래 희생물로 바치는 양을 신의 뜻에 맞도록 톱 모양의 칼로 법도에 따라 올바르게 자르는 것을 말한다. 여기서 '올바르다'(正)와 '적절하다'(宜)라는 의미가 생겨났다.[25] 『춘추좌전』에서는 의를 이利의 관계에서 파악한다. 『춘추좌전』은 의와 이의 관계를 대립적으로 볼 것인가, 아니면 보완적으로 볼 것인가 하는 문제를 제기하고 있다.[26]

이와 의를 보완적 관계로 본 것은 『역易·건괘乾卦·문언전文言傳』이다. 『역·건괘·문언전』은 "이로움이란 의로움의 조화로움이다."(利者, 義之和也.)라고 하여, 만물을 이롭게 함은 곧 의에 부합된다고 한다. 자연의 측면에서 보면 이로움이고, 인간의 측면에서 보면 의로움인 것이다. 이利는 천도의 네 가지 덕성인 원형이정元亨利貞의 하나이고, 의義는 인도의 네 가지 덕성인 인의예지仁義禮智 가운데 하나이다. 인도는 인의예지에 신信이 덧붙여 오상五常을 이룬다.

이와 의를 대립적 관계로 파악한 것은 공자이다. 공자는 『논어』 「이인」에서 "군자는 의에 밝고, 소인은 이에 밝다."(君子喻於義, 小人喻於利.)라고 하여, 의를 도덕적 행위의 표준으로 삼는다. 그러나 공자는 인仁을 최고의 덕목으로 삼고, 의를 예禮, 지智, 신信 등 여러 가지 덕목 가운데 하나로

---

25) 溝口雄三외 저, 김석근외 옮김, 앞의 책, 214쪽.
26) 유교사전편찬위원회, 『유교대사전』(서울: 박영사, 1990), 1165쪽.

보았다.

공자 이후 의를 두드러지게 강조한 것은 묵자와 맹자였다.[27] 특히 의의 개념을 가장 높게 평가한 것은 묵자로, 그의 사상은 의협 집단이었던 묵가를 낳았다. 묵자의 모든 사상은 의라는 한 글자로 수렴되고 귀착된다고 볼 수 있다. 『묵자墨子·귀의貴義』에는 "모든 일은 의보다 더 귀한 것이 없다."(萬事莫貴於義.)라고 하여, 의를 천하의 보물로 간주한다. 또한 『묵자墨子·천지상天志上』에는 "천하에 의가 있으면 살고 의가 없으면 죽게 되며, 의가 있으면 부유하게 되고 의가 없으면 가난하게 되며, 의가 있으면 다스려지고 의가 없으면 어지럽게 된다."(天下有義則生, 無義則死; 天下有義則富, 無義則貧; 天下有義則治, 無義則亂.)라고 하였다. 묵자는 인간이 자신의 이익을 버리고 천하의 의를 위해 기꺼이 한 목숨을 바치는 행위를 가장 중시한 것이다.

공자의 사상을 계승한 맹자는 공자의 인에 의를 덧붙여 '인의'를 동시에 강조한다. 『맹자孟子·이루離婁』에는 "인은 사람의 편안한 집이요, 의는 사람의 올바른 길이다."(仁人之安宅, 義人之正路也.)라 하고, 또 『맹자孟子·고자告子』에는 "인은 사람의 마음이고, 의는 사람의 길이다."(仁人心也, 義人路也.)라고 한다. 맹자는 '의'를 '마땅함(宜)'이라고 정의하였다. '의'

27) 이동철외, 『21세기의 동양철학(서울: 을유문화사, 2005), 195쪽.

를 인간이 마땅히 행하여 할 올바른 도리로서의 도덕적 규범으로 본 것이다. 『중용』 「20장」에서는 "의란 마땅함이다. 어진 이를 높이는 것이 크다."(義, 宜也. 尊賢爲大.)라고 한다. 사회정의를 설정함에 있어서 모든 일을 올바르고 마땅하게 처리할 수 있는 현자의 중요성을 강조하는 것이다.

위진남북조시대에서 수당에 이르기까지 의는 줄곧 사회적 인간관계에서 인간이 마땅히 행하여 할 당위적 규범을 뜻하였다. 특히 개인과 개인 사이의 관계에서 중요시되는 규범이었다. 진수의 『삼국지』 등을 포함한 정사의 기술에서 의로 평가되는 것은 무엇인가? 궁지에 빠진 주군이나 동료를 버리지 않는 것, 목숨을 걸고 자기의 주어진 임무를 완수하는 것, 위험을 감수하더라도 죽음을 당한 주군이나 동료의 시신을 수습해 오는 것, 죽은 동료의 유가족을 돌보는 일 등이다. 이와 같은 의협義俠의 동기에는 하나의 공통성이 있다. 『삼국지』에서 장료가 "나는 조공께서 나를 후하게 대우해 주는 것을 잘 알고 있습니다. 그러나 나는 유장군에게 깊은 은혜를 받았고, 함께 죽기로 맹세하였으니 그를 배신할 수 없습니다. 나는 끝까지 남아 있을 수는 없으며, 의당 공을 세워 조공에게 보답을 한 후에 떠날 것입니다."라는 관우의 말을 조조에게 보고했을 때, 조조는 유비를 배반할 수 없다고 한 관우를 의로운 인물로 평가한다. 이는 그 당시 사람들의 의에 대한 인식을 대변한다고 하겠다. 여기서 의는 은혜, 믿음, 맹세, 약속 등을 저버리지 않는 것을 뜻한다. 타인으로부터 받은 은혜와 신뢰를 배신하지 않는 것을 말한다. 이와 같은 의는 전국시대에 유행한 협객俠客의 사유 방식과 밀접한 관계가 있을 것이다.[28]

송대에 이르러서는 의에 리理를 덧붙여 의리義理로 일컫게 되었다. 의를 실천해야 하는 근본 이유와 근거까지도 밝히고자 한 것이다. 현실의 구체적인 상황 속에서 인간이 걸어가야 할 올바른 길이 무엇인가 하는 의리학의 윤리적 영역이 모든 사물의 존재근거를 밝히는 존재론적 사유로 확대되었다. 이 때문에 송학을 의리를 밝히는 학문이라는 의미에서 의리학義理學이라 부르기도 한다.

주자朱子는 『논어집주』에서 의義를 '천리의 마땅함'(天理之宜)으로, 이利를 '인간의 욕심'(人欲)으로 규정한다. 주자는 공자와 마찬가지로 '의義'와 '리利'의 분별을 매우 중시하였다. 그는 『맹자집주』에서 의는 인간의 본성에서 나오고 리는 사람과 사물의 형기形氣에서 나오는 것으로 정의하였다. 의와 리를 공적인 것과 사적인 것으로 구분한 것이다. 주자학의 의리의 분별은 지나치게 이익을 중시하는 당시의 사회의 풍조를 비판하기 위한 것으로 보인다.[29]

---

28) 溝口雄三외 저, 앞의 책, 217~218쪽.
29) 유교사전편찬위원회. 앞의 책, 1168쪽.

아무튼 이런 주자의 사상은 진량陳亮의 비판을 받는다. 주자와 진량은 왕패 논쟁을 벌인다. 주자는 조금이라도 이익을 도모하는 마음에서 나온 행위는 결과가 아무리 좋다고 할지라도 모두 옳지 않다고 본다. 행위의 결과보다는 동기를 중시하는 사유이다. 그러나 진량은 한나라와 당나라 때를 사회 전체의 복지가 달성된 시대로 높이 평가하면서, 도덕적 행위의 동기보다는 결과를 더 강조한다.[30] 중국철학에서 의와 리의 관계를 문제로 제기하는 것은 사회의 이상적인 공동체를 실현하는 데 있어서 개인의 사적 이기심을 극복하는 것을 중요시하였기 때문이다. 의는 안정된 사회를 구축하고 사회의 공공복지를 증진시키는 데에 가장 중차대한 덕성이었던 것이다.[31]

---

30) 이승환, 「결과주의와 동기주의의 대결: 진량과 주희의 왕패 논쟁」(『논쟁으로 보는 중국철학』, 예문서원, 1996), 225쪽.
31) 溝口雄三외 저, 앞의 책, 222쪽.

2. 중국의 관우신앙

2.1 유불도와 관우

유불도 삼교는 모두 관우를 숭배하였다. 유교는 관우를 충의를 지닌 인물로서 무성의 반열에 올렸고, 도교는 삼계복마대제의 관성제군으로 받들었으며, 불교는 사찰의 수호신으로 모셨다.

관우와 불교

삼국 시대와 남북조 시대를 거쳐 중원이 다시 통일된 수당 이래 도교와 불교와 유교 등 각 종교는 관우를 자신들의 편으로 끌어들였다. 당대에서 관우에 대한 신앙은 불교에서 먼저 시작된다. 당나라 때에 이르러 관우는 불교 신앙에서 더욱 확고한 자리를 차지하게 된다. 당대는 중국 불교의 황금시대로 건국 초기 태종 때부터 불교가 융성하였다. 재위 초기에는 불교에 큰 관심을 보이지 않았던 태종은 현장법사를 만난 후 불교에 심취하게 되었다. 태종의 정치제도를 계승하여 나라를 다스린 그의 아들 고종도 불교에 호의적이었는데, 의봉儀鳳

원년(676)에 당 고종高宗은 관우에게 '가람신伽藍神'의 시호를 추증하였다.[1] 사찰에서 관우를 추존하여 부르는 호칭을 임금이 그의 시호로 내려준 것이다. 고종이 관우를 공경하여 시호를 내려준 것인지, 불교를 더욱 융성케 하기 위한 하나의 방편으로 그리한 것인지는 불분명하지만, 관우가 불자들로부터 신과 같은 추앙을 받은 것은 분명하다. 이후 불교는 내내 관우를 가람을 지키는 '호법가람신護法伽藍神'으로 추앙하였다. 오늘날 중국 불교에서는 관우를 관제보살로 부르기도 한다.

당 덕종德宗 연간에 동정董侹이 지은 『중수옥천사관묘기重修玉泉祠觀廟記』에 따르면, 옥천사가 세워지기 전 그 자리에는 관우를 모시는 작은 사당이 있었다고 한다. 진말陳末 광대光大 연간(567~568)에 지의선사가 그 관우 사당을 방문했을 때 관우가 나타나 자신의 사당을 없애고 그곳을 승방으로 삼겠다고 하였다. 관우는 지의선사에게 잠깐 나가라 하고는 신통력을 발휘해 순식간에 절을 완성하였으니, 그것이 바로 지금의 호북성 당양현에 있는 옥천사이다.[2] 이후 각지의 사찰에서 관우를 사찰의 수호신으로 모시고 그에게 제사를 지냈다.[3]

남송 때의 승려인 지반志磐이 함순咸淳 5년(1269)에 지은 『불조통기佛祖統紀』에는 지의대사와 관우와의 만남을 조금 다

---

1) 盧曉衡主編, 앞의 책, 18쪽.
2) 김상범, 「관우신앙의 초기 전개와 도, 불과의 만남」(『한국외국어대학교 역사문화연구』 특별호, 한국외국어대학교 역사문화연구소, 2005), 524쪽.
3) 金井德行, 「社神と道教」(『道教の展開』: 平河出版社, 1988), 186~187쪽.

르게 전하고 있다. 지의대사가 도량을 세울 위치를 정하고 선정에 든 어느 날 요괴가 구렁이로 변해서 온갖 수단을 다해 위협을 가했지만, 지의대사는 요괴를 단호히 꾸짖어 물리쳤다. 그날 밤 아름다운 수염을 달고 있는 장수가 준수한 어린 소년을 데리고 나타나서 지의대사에게 자신은 후한 말에 조조와 손권 때문에 한의 부흥을 이루지 못하고 한을 품고 죽은 관우라고 밝히고 왜 자신의 수하를 해쳤냐고 항변했다. 대사가 물리친 요괴가 다름 아닌 관우가 데리고 온 소년이었다. 지의대사는 불교의 도량을 세워 육신을 받은 은덕에 보답할 뿐이라고 하자 관우는 뒤늦게 자신의 행동을 뉘우치고 불사의 건립을 도왔으며 뒤에 수계를 받고 호법신이 되었다. 지의대사는 수나라 양제에게 상소를 올려 관우를 불교의 가람신으로 삼게 해 달라고 간청했다고 한다. 그 후 관우는 사찰의 수호신이 되었다.[4]

『중수옥천사관묘기』의 기록에 따르든, 『불조통기佛祖統紀』의 기록에 따르든 수나라 초기에 사찰에서 관우를 받들었던 것은 분명하다. 『중수옥천사관묘기』와 『불조통기』의 기록에 차이가 있지만, 수나라 초기에 사찰에서 관우를 받들었던 것은 분명하다.

사묘祠廟와 불교와의 결합은 관우만의 특별한 상황이 아니

---

4) 김상범, 앞의 글, 524쪽.

다. 위진남북조에서 수당 이래 기층신앙 세계에서 보편적으로 나타나는 현상이다. 『속고승전』이나 『송고승전』에 이런 예가 수없이 등장한다. 불교는 사묘와의 결합을 통해 전통적인 중국 문화와 긴밀하게 결합하였고, 이를 바탕으로 일반 백성들과 불교와의 유대를 강화함으로써 민간에 한걸음 더 다가갈 수 있는 계기를 마련하였다.[5]

관우와 유교

유교에서 관우는 '문형성제文衡聖帝'를 가리키는 것으로, '산서부자山西夫子'로 불리기도 한다. 그러나 언제 그렇게 불리어졌는지 자세히 알 수 없다. 아무튼 이는 관우의 특성을 무보다 문의 측면에서 강조하는 것이다. 대만에서는 오늘날에도 실제로 수험생의 부모들이 '문형성제'에 기원을 한다고 한다. 또한 북송 이후 역대의 황제들이 관우를 존숭하여 국가 차원에서 제사를 올리는 신적 대상으로 받들고, 신하와 백성들을 훈계하고 교화하는 도덕적 모범으로 삼았다. 그 이유는 관우를 '충용'과 '의리'의 유가적인 가치관을 실천한 인물로 보았기 때문이다. 특히 왕조 초기나 말기에 집중적으로 이루어진다는 점이다. 이는 충의의 정신이 새로 탄생한 국가의 정책 수립이나 왕조 교체기에 흔히 발생하는 국내외의 혼란한 정

5) 김상범, 앞의 글, 525~526쪽.

치적 상황과도 밀접하게 맞물려 있는 문제일 것으로 생각된다. 아무튼 조조의 회유에도 불구하고 주군과의 충의를 지키기 위해 유비에게로 돌아갔고, 오군에 생포되어 생명의 위협을 받았을 때도 손권의 유혹을 물리치고 결연히 죽음을 선택한 관우의 흔들리지 않는 '충의의 정신'은 명청대의 소설가와 희곡 작가들에 의해 끝없이 재생산된다.

관우와 도교

도교에서 관우신앙은 불교보다 조금 늦게 시작되었다. 도교는 북송 때 관우를 '숭녕진군崇寧眞君'으로 존숭하였다. 『역대신선통감』에 따르면, 북송 원우元祐(1086~1093)에 철종이 제30대 천사 장계선을 불러 수해로 인해 염지가 입은 피해를 없애라고 하자 장계선이 관우를 철종 앞에 나타나게 하였다고 한다. 북송 휘종 때에는 궁중에 귀신의 재앙이 일어나자 한 도사를 불러 그 환난을 없애게 하였는데, 도사가 금갑金甲을 입은 장부로 하여금 그 귀신을 잡아먹게 하였다. 휘종이 도사에게 그 장부가 누구인지 물었더니 도사가 '숭녕진군崇寧眞君' 관우라고 대답하였다. 도교에서 관우는 재앙을 물리치는 신장으로 자리를 잡게 된다.[6]

이익은 『성호사설』 제9권 「관왕묘」에서 『역대신선통감』에

---

6) 盧曉衡主編, 앞의 책, 94쪽.

나오는 '숭녕진군' 관우에 대한 이야기를 이렇게 전한다.

> 이른바 송나라 시대의 고사로서 "정화政和 중에 궁중에 귀수鬼祟가 있었는데, 한 도사道士가 상上께 읍揖하며 아뢰기를 '신이 상제上帝의 명령을 받들고 이 귀수를 다스리러 왔습니다.'하고, 곧 금갑金甲 입은 장부丈夫를 불러 귀수를 잡아오게 하여 씹어 없애 버리는 것이었다. 상이 '장부가 어떤 사람이냐'고 묻자, 도사가 아뢰기를, '이는 숭령진군崇寧眞君 관우입니다.'하므로 상이 '장비張飛는 어디에 있느냐?' 하니, 도사는 '지금 상주相州 악岳씨의 집안에 태어났습니다……'고 아뢰었다. 그래서 무목武穆이 '비飛'로 이름을 한 것이다."라 하였다는 것이다.[7]

이 이야기에 따르면, 관우가 재앙과 귀신을 물리치는 신장으로 천상에 있을 때 장비는 남송시대 악비岳飛 장군으로 태어났다. 무목은 악비의 시호이다.

갈조광은 『도교와 중국 문화』에서 관성제군과 도교의 관계를 이렇게 말한다.

> 관우가 어떻게 해서 도교의 신에 들어갔는지는 정확하

---

7) 이익, 『성호사설』 제9권 「관왕묘」. 아래에 나오는 한국의 고전문집은 한국고전번역원의 한국고전종합 DB의 자료를 인용한 것이다.

게 알 수 없다. 다만 불교에서도 그를 가람을 지키는 신으로 추앙하고, 유가에서도 상천으로 추켜올려 의용 무안왕으로 칭한 것을 본따 도교에서도 그를 추켜올리지 않을 수 없었을 것이라고 추측할 따름이다. 어쨌든간에 관우는 명대 만력 연간에 '삼계복마대제신위원진천존관성제군三界伏魔大帝神威遠鎭天尊關聖帝君'으로 격상되어 대단히 추앙받기에 이르렀다. 결국 도교나 불가나 간에 그들이 관우를 수용한 것은 자신들에게 충군의 의기를 충만케 함과 동시에 청룡언월도의 위력을 얻고자 했던 것이라고 할 수 있다. 그러나 도교는 유·불교가 관우를 은근하게 수용한 것과는 달리 노골적으로 전면에 내세워 기세를 드높이고 있다. 그러나 그에게 천존제군이란 칭호는 단지 허명에 불과하다. 도교에서는 그의 이름을 빌어 무슨『관제각세진경』이나『관제명성경』·『계사자문』 등등을 만들어 "사람이 살아가는 동안 충효와 절개, 그리고 의리를 귀하게 여겨 인도에 하등의 부끄러움이 없어야 한다"고 주장하였다. 이렇듯 관우는 봉건 예법의 수호신으로 자리를 잡아 시도 때도 없이 일반 백성들에게 "만약 내 가르침을 받지 않으려면 내 칼을 받아라"고 대성일갈하는 두려운 존재로 각인되었다.[8]

---

8) 갈조광, 심규호 옮김,『도교와 중국문화』(서울: 동문선, 1993), 396~397쪽.

도교가 유교나 불교보다 관우를 더욱 적극적으로 활용했다고 보는 갈조광은 도교에서 백성들에게 심어준 관우의 이미지에 대해 약간 냉소적으로 보고 있다.

북송 말과 남송 초기에 지어진 것으로 알려진『태상대성랑영상장호국묘경太上大聖郎靈上將護國妙經』은 관우에 가탁하여 만든 도교 경전으로, 관우를 '의용무안왕한수정후관대원수義勇武安王漢壽亭侯關大元帥'로 칭한다.

명청 시대에 관성제군의 이름을 빌린 '권선서勸善書' 성격의 도교 경전이 쏟아져 나온다.『관성제군각세진경關聖帝君覺世眞經』,『관제명성경關帝明聖經』,『삼계복마관성제군충효충의진경關聖帝君忠孝忠義眞經』,『훈효법어訓孝法語』,『계세자문戒世子文』,『동명기洞冥記』등이 있다. 명 만력 이후에 지어진『삼계복마관성제군충효충의진경三界伏魔關聖帝君忠孝忠義眞經』은 관우를 '삼계복마대제'로 삼아 그 신격을 높여서 삼계를 총괄하는 위대한 신으로 모신다.[9] 이 경에서 관우의 시호는 '지령지성지상지존복마관성대제대비대원대성대인정원현응광속익한영우천존至靈至聖至上至尊伏魔關聖帝君大悲大願大聖大仁貞元顯應光昭翊漢靈佑天尊'으로 무려 34자의 달한다.『관제명성경』에서 관우의 시호는 '복마관성제군대비대원대성대자현응소명익한대천존伏魔關聖帝君大悲大願大聖大慈顯應昭明翼漢大天尊'으로 23자

---

9) 卿希泰主編,『中國道教 第三冊』(上海: 東方出版中心, 1996), 105쪽.

이다.[10] 청대에는 관우를 모신 사당인 백마묘의 관우에게 '충의신무영우신용위현호국보민정성영정익찬선덕관성대제忠義神武靈祐神勇威顯護國保民精誠綏靖翊贊宣德關聖大帝'라는 26자의 시호를 내리고, 월성묘의 사당에 모신 관우를 '삼계복마대제신위원진천존관성제군三界伏魔大帝神威遠鎭天尊關聖帝君'으로 추존하였다.[11]

그렇다면 관성제군의 이름을 빌린 '권선서'가 등장한 이유는 어디에 있을까? 크게 두 가지로 나누어 볼 수 있다. 하나는 관우신앙이 성행하였기 때문이며, 다른 하나는 도교의 민간화 내지는 세속화가 이루어졌기 때문이다.[12] 명청시대에 중국에서 관우에 대한 존숭이 최고조에 달했고, 도교는 백성들과의 친화력을 높이는 데 관우를 적극적으로 활용하였던 것이다.

도교에서는 또한 관우를 재물신으로 보고 있다. 북경에 있는 유명한 도교의 도관인 백운관白雲觀에서 관우를 재물신으로 숭배하고 있는 것은 그 증거가 된다. 일본 언론인으로 관우를 연구한 즈미 준노스케는 자신의 책 『관우』에서 무장 관우가 재물신으로 받들어진 것에 대해 산서성 운성시 해지현과 연관하여 이렇게 말한다.

---

10) 呂宗力外, 『中國民間諸神 下』(石家庄: 河北人民出版社, 1996), 487쪽.
11) 金井德行, 앞의 글, 187쪽.
12) 盧曉衡主編, 앞의 책, 94쪽.

예로부터 소금은 한 나라의 운명을 좌우할 만큼 귀중한 물품이었다. 고대 로마에서는 소금이 관리나 군인의 급료였는데, 이 때문에 라틴어로 소금을 어원으로 하는 '샐러리salary'라는 말도 생겨났다. 중국도 예외가 아니어서 수천 년 전부터 중원의 지배자들은 소금을 손에 넣기 위해 황하 유역 북부인 운성 분지의 해주解州에 눈독을 들였다.……약 2,000년 전, 한漢 무제武帝는 해지를 차지한 후에 소금을 전매품으로 만들었다. 그 이후 이 지역의 소금은 역대 정권의 중요한 재원財源이 되었고, 소금을 취급하는 상인도 생겨났다. 흔히 '산서상인'이라 불리는 이들은 당대의 권력자들과 결탁해 엄청난 부를 손에 넣고 곡물과 직물, 목재뿐만 아니라 금융과 유통에까지 손을 뻗었는데, 명청明淸 시대에는 사실상 중국 경제를 지배하게 되었다. 이 책의 주인공인 관우가 『삼국지』의 영웅이 되어 사후에 귀신에서 왕王, 제帝, 성인聖人으로 점차 격이 높아지다가 마침내 무신武神과 재물신의 반열에 오른 것도 이 해주 소금과 적지 않은 관련이 있다.[13)]

카나이 노리유끼는 관우가 '경제의 수호신'이 될 수 있는 이유를 관우 고향의 염전과 연관시키면서도, 도교의 정일파

---

13) 이마이즈미준노스케, 이만옥 옮김, 앞의 책, 27쪽.

正一派 노사들과 연계하여 해명하고 있다. 송의 제3대 황제 진종 이래로 국가 재원의 근간을 이루는 것이 소금이었다. 제7대 황제인 철종 때 조정에서는 염전이 수해로 인하여 피해를 입자 염전을 수리하는 공사를 대대적으로 진행하였는데, 몇 년 뒤에 염전 공사가 완성되었다. 이때가 바로 제8대 황제인 휘종 숭녕(1102~1106) 연간이다. 정일파 도사들은 그 지역의 영웅이었던 관우가 그 염전을 수호하였다는 전설을 세간에 퍼뜨렸다. 카나이 노리유끼에 따르면, 관우가 재신으로 등장하게 된 것은 도교에서 퍼뜨린 이 전설이 중요한 계기가 되었다.[14]

카나이 노리유끼와는 다른 각도에서 관우가 재신이 된 이유를 찾는 경우도 있다. 마노 다카야는 조조가 금은보화로 관우를 회유했지만, 관우가 조조를 떠날 때 예전에 받은 금은보화를 그대로 두고 떠난 것에서 그 이유를 찾고 있다.[15] 관우는 금전 문제에서 그 누구보다도 깨끗하였기 때문에 그에게 재물을 기원하면 반드시 들어준다는 믿음이 백성들 사이에 생겨나서 관우를 재신으로 모시게 되었다는 것이다. 그러나 이 주장은 역사적 근거가 없어 관우가 어떻게 '재물의 수호신'이 되었는지를 그다지 설득력 있게 해명하지 못하고 있다.

관우와 도교의 만남은 세상 사람들에게 익숙한 관우를 도교

---

14) 金井德行, 앞의 책 , 186~187쪽.
15) 마노 다카야, 이만옥 옮김,『도교의 신들』(서울: 들녘, 2001), 95~96쪽.

안으로 흡수함으로써 도교가 민간 속으로 깊이 파고들 수 있는 중요한 계기를 마련하였다는 데 그 의미가 있다. 도교는 관우를 통해 민중과의 유대를 강화함으로써 종교로서의 도교 기반을 전국적으로 확대할 수 있는 발판을 마련한 것이다.[16]

2.2 관우의 신격화 –후侯에서 신神으로

관우는 유비가 평원상이 된 뒤, 장비와 함께 별부사마가 된다. 건안 5년(200)에 조조가 동쪽 정벌에 나서서 관우를 사로잡고 편장군偏將軍으로 임명한다. 조조는 원소와의 백마白馬 전투에서 원소의 대장군이었던 안량을 베어 큰 공을 세운 관우를 한나라의 조정에 표를 올려 '한수정호漢壽亭侯'로 봉한다. 유비는 강남의 여러 군을 수복하고, 관우를 양양 태수이자 탕구 장군으로 임명한다. 건안 24년(219)에 유비가 한중왕이 되자, 관우는 전장군前將軍에 임명된다. 이상은 관우가 살아 있을 때 받은 관직이자 칭호이다.

관우의 첫 시호, 장무후

관우가 손권에 의해 임저에서 참수를 당하고 죽은 지 40년이 지난 경요景耀 삼년三年(260)에 유비를 이은 후주後主인 유

---

16) 김상범, 앞의 글, 533쪽.

선劉禪은 관우의 시호를 '장무후壯繆侯'로 봉한다. 이 때 장비, 마초, 방통, 황충, 조운 등도 함께 시호를 받았다.[17] 그런데 명대 정명정程明政의 고증에 의하면, '무繆'는 '목穆'과 통용하는 글자라고 한다.[18] 그래서 관우를 '장무후' 또는 '장목후'라고 부른다. 삼국시대에는 관우를 제후의 반열에 올려 예를 표했을 뿐 관우를 신앙적 차원에서 숭배하지는 않았다. 관우에 대한 신앙은 북송에 가서야 비로소 본격화된다.

남북조에서 당까지의 관우에 대한 평가

남북조 시대에 나온 도교의 『진령위업도眞靈位業圖』에서 인간의 신격화가 이루어지기 시작하는데, 그 속에 조조와 유비는 들어 있지만 관우는 들어 있지 않다. 이는 남북조 시대까지만 해도 관우를 단지 충용忠勇을 지닌 무장으로만 보았음을 의미한다. 당나라 이전까지 국가에서나 민간에서나 관우의 영향력은 그다지 크지 않았다. 당 덕종 건중建中 3년(782)에 태공망太公望 강태공姜太公을 주신主神으로 모신 무성왕묘武聖王廟에 관우를 강태공의 종신從臣으로 배향하였다. 이로써 관우는 중국인들 사이에 점차 영향력을 발휘할 수 있는 중요한 계기와 발판을 마련한다.

---

17) 『三國志 · 蜀書 · 後主傳』: "三年秋九月, 追諡故將軍關羽張飛馬超龐統黃忠."; 『三國志 · 蜀書 · 關羽傳』: "追諡羽曰壯繆候."; 『三國志 · 蜀書 · 趙雲傳』: "於是關羽張飛馬超龐統黃忠給云乃追諡, 時論以爲榮."
18) 盧曉衡主編, 앞의 책, 30쪽.

조선 정조 때의 유명한 실학자인 이덕무(1741~1793)는
『청장관전서』권56 「주허후朱虛侯」에서 명 말기 사조제謝肇制
(1567~1624)의 『오잡조五雜組』를 인용하면서 다음과 같이 말
한다.

《오잡조五雜組》에는 "당唐 나라 이전에는 주허후 유장을
높이 받들어 집집마다 사당을 세우고, 호호마다 지금의
관왕關王에게 빌 듯 복을 빌었다 한다. 그러나 장목왕壯
繆王이 일어나면서부터 주허후의 신神은 또 어디로 갔는
가? 지금 세상에 숭봉崇奉하는 정신正神으로는 관음대사
觀音大師·진무상제眞武上帝·벽하원군碧霞元君 셋이 있어
관장목關壯繆과 더불어 향화香火를 동일하게 받고 있다.
그러므로 부녀자婦女子들은 주공周公과 공자孔子에 대하
여 말을 하면 혹 알지 못하나, 사신四神만은 공경히 믿으
며 감히 마음속으로 그르게 여겨 거리에서 비난하는 사
람이 없으니 또한 천지天地와 더불어 길이 존재할 것이
다."하고, 또 "관왕關王은 당唐나라 이전에는 소문이 있
지 않는데 송宋나라에 이르러 염지鹽池의 일로 인해 마
침내 영험이 나타났다."하였다.[19]

사조제는 당나라 이전에는 서한의 주허후朱虛侯 유장劉章을

19) 이덕무, 『청장관전서』권56 「주허후」.

받들어 모셨고 관우신앙은 그다지 활발하지 않았지만, 당 이후 송에 이르러 염지의 일로 인하여 관우를 영험력이 있는 신장으로 존숭하기 시작했다고 주장한다. 이덕무의 손자인 이규경(1788~?)도 『오주연문장전산고』 「경사편 5: 관장목에 대한 변증설」에서 조부와 마찬가지로 사조제謝肇制의 말을 인용하여 이렇게 말한다.

그러나 관왕에 대해 당나라 이전에는 아무런 말이 없었다가 송나라에 이르러 염지鹽池에서 현성顯聖한 일이 있은 이후로 그 위령을 보이게 되었다. 또한 장도릉張道陵은 후한後漢 말기에 황건요적黃巾妖敵이 되었고 관왕은 이를 격파, 기반을 이룩하였는데 저승에서는 오히려 관왕이 도리어 천사天使의 호령에 따른다고 하니, 만약 도릉이 허위라면 관왕이 의당 엄벌을 가하였을 것이요 도릉이 진실이라 해도 나는 도릉이 관왕보다 더 우월하다고 볼 수 없으므로, 이 점을 더욱 이해할 수 없다.[20]

흥미로운 것은 당나라 때까지도 미미한 차원에 그쳤던 관우에 대한 신앙이 송나라에 이르러 국가적 차원의 영웅화와 신격화가 본격적으로 이루어진다. 그렇다면 송나라는 무엇 때문에 관우를 숭배하기 시작한 것일까?

----

20) 이규경, 『오주연문장전산고』 「경사편 5: 관장목에 대한 변증설」.

관우와 북송

북송北宋(960~1126)의 태조 조광윤趙匡胤(927~976)은 무를 경시하고 문을 중시한 문치주의자였다. 조보趙普(922~992)는 태조의 책사로서 활약했고 태종 때에는 재상을 지냈는데, 『논어論語』를 가지고 절반으로는 나라를 세우고 절반으로는 나라를 다스릴 수 있다고 주장하였다. 그는 『논어』 한 권으로 국가의 창업創業과 수성守城이 동시에 가능하다고 주장함으로써 북송 초기 문치주의를 이끌었다. 북송은 과거제도를 통해 기용된 문신의 관료 체제를 지나치게 중시하여 군사력이 급격하게 약화되는 바람에 진종 때 거란족이 세운 요나라의 침공을 받아 매년 은 십만 냥과 비단 이십 만 필을 바치는 굴욕적인 조약을 맺고 겨우 국가 멸망의 위기를 모면하였다. 이 때 북송은 백성들과 군사들에게 외세의 무력에 대항할 용기를 심어줄 수 있는 위대한 전쟁 영웅을 필요로 하였다. 그래서 북송은 관우라는 '충의의 화신'을 국가의 수호신으로 역사의 전면에 내세운 것이다.

휘종徽宗은 숭녕崇寧 원년(1102)에 관우에게 '충혜공忠惠公'의 시호를 내리고, 관우의 '충용의기忠勇義氣'의 정신으로 국가를 수호하고 민심을 위무하려고 하였다. 이는 현실 정치와 관우신앙이 결합된 '정교합일政敎合一'의 시발점으로서, 이후 역대 중국 왕조에서 관우에게 시호를 내리는 단초가 된다.[21] 이때부터 관우는 후의 지위에서 공의 지위로 승격되었다.

도교를 숭배한 휘종은 숭녕崇寧 3년(1104)에 도교의 측면에서 관우에게 백성을 위해 요괴를 물리치고 재앙을 없애주는 '숭녕진군崇寧眞君'의 시호를 추증한다.[22] 도교에서 '진군'은 일반적으로 여자 신선 가운데서 비교적 지위가 높은 신선에 대한 존칭이다. 반면 남성의 고귀한 신선은 '진인眞人'이라 한다.[23]

휘종 대관大觀 2년(1108)년에는 관우를 '무안왕武安王'으로 봉하여 국가의 안녕과 번영을 기원하는 호국신으로 삼는다. 관우가 공에서 왕으로 승격된 것이다. 휘종徽宗 선화宣和 5년(1123)에는 '의용義勇' 두 글자가 덧붙여져 '의용 무안왕義勇武安王'으로 봉해진다. '의용'이란 시호를 관우에게 부여한 이면에는 송나라가 처한 내우외환의 위기 상황을 관우의 신령에 의거해 돌파하려는 휘종의 정치적 의도가 담겨 있다. 이때 관우는 아직도 성인의 반열에 오르지는 못했지만, 무성 강태공보다 더 높은 지위를 얻게 된다. 왜냐하면 강태공은 다만 '공'이나 '후'의 호칭을 지녔지만 관우는 왕으로 신분이 상승

---

21) 이마이즈미준노스케, 이만옥 옮김, 앞의 책, 342쪽.
22) 盧曉衡主編, 앞의 책, 82쪽.『삼교원류수신대전』권 삼에는 휘종이 관우에게 '숭녕지도진군'이란 시호를 내렸다고 한다.(呂宗力外, 앞의 책, 482쪽.)
23) 胡孚琛主編,『道教大辭典』(北京: 北京社會科學出版社, 1995), 1438쪽.

되었기 때문이다.[24]

관우와 남송

휘종은 새로 등장한 금나라와 손을 잡고 요나라를 제압하려고 했으나 선화 7년(1125)에 오히려 금나라 군대의 침공을 불러일으켰다. 그는 아들 흠종欽宗에게 양위하여 책임을 모면하려고 했지만, 다시 쳐들어온 금에게 수도 개봉이 함락되면서 흠종과 함께 북쪽으로 잡혀가는 수모를 당하게 된다. 이것이 북송의 멸망을 가져온 '정강靖康의 변變'(1126~1127)이다. 흠종의 동생인 조구趙構(1107~1187)는 남경에서 남송南宋(1127~1279)의 초대 황제인 고종高宗으로 등극한다. 남송은 초기에는 주전파가 득세하여 악비 등을 중심으로 금에 강력하게 저항했으나, 재상 진회를 중심으로 한 주화파가 득세하면서 금나라와 화평 조약을 맺게 된다. 이후 남송은 원나라에 의해 멸망을 당한다.

남송 시기의 관우신앙은 북송과 마찬가지로 통치자의 전폭적인 지원 아래 이루어진다. 고종高宗은 건염建炎 2년(1128)에 관우의 시호를 '장무 무안왕壯繆武安王'으로 봉하고, 다시 '건염建炎 3년(1129)에 선대에서 하사한 시호 '의용義勇'을 덧붙여 '장무의용무안왕壯繆義勇武安王'으로 봉한다. 효종孝宗 순희

---

24) 盧曉衡主編, 앞의 책, 82쪽.

淳熙 4년(1177)에 관우를 '영제왕英濟王'으로 봉하고, 순희淳熙 14년(1187)에 다시 '장무의용무안영제왕壯繆義勇武安英濟王'으로 봉한다.[25] 남송도 북송과 마찬가지로 혼란한 정치 상황에서 구국의 영웅을 필요로 하였기 때문에 관우를 적극적으로 숭배하였을 것이다. 남송 이후 후대로 갈수록 관우에 대한 숭배가 더욱더 활발하게 이루어진다.

관우와 원

이민족이 세운 원나라의 통치자들도 북송이나 남송과 마찬가지로 관우를 숭배하였다. 12세기 후반에 중국을 통일한 원나라는 정책적으로 관우에 대한 숭배를 확산시켰다. 원나라는 한족을 효과적으로 교화하고 통치하기 위해서 송나라의 호국신이었던 관우를 끌어들인 것이다.[26] 원나라 문종文宗 천력天曆 원년(1328)에는 관우를 '현령무안영제왕顯靈武安英濟王'으로 봉한다. 원대에는 궁중에서 불사佛事를 할 때, 신단에 관우상을 모셨다는 기록이 있다. 원 말기와 명 초기에 걸쳐 살았던 나관중의 『삼국연의』는 관우를 무용과 충의의 화신으로 묘사하여 관우의 명성을 드날리게 하였다. 이는 민간에서 자발적으로 관우를 존숭하게 되는 원동력으로 작용하였다. 명청대를 거치면서 『삼국연의』는 중국인들이 가장 좋아하

---

25) 盧曉衡 主編, 앞의 책, 195쪽.
26) 이마이즈미준노스케, 이만옥 옮김, 앞의 책, 342쪽.

는 소설이 되었는데, 이에 발맞추어 중국인들의 관우 숭배는 더욱더 열렬해졌다. 불길처럼 일어나는 관우 숭배의 열풍은 『삼국연의』의 인기를 높였으니, 어느 쪽이 먼저인지 가려낼 수 없을 정도로 서로의 인기를 높이는 시너지 효과를 낸 것은 분명하다.[27)]

관우와 명

명의 태조 주원장朱元璋(1328~1398)은 홍무洪武 1년(1368) 에 조조가 관우에게 내렸던 '전장군한수정호'의 봉호를 다시 내리고, 홍무 27년(1394)에 지금의 남경시 계명산鷄鳴山 남쪽 에 관우묘를 세웠다. 이익은 『성호사설』 제9권 「관왕묘」에서 "'고황제高皇帝(명 태조)가 파양鄱陽의 싸움에서 자신이 탄 배 가 여울목에 붙었었는데, 관왕이 능히 그 신神을 나타내서 바 람머리를 돌리어 적의 전함戰艦을 불태웠다……'라 하였다. 그렇다면 명나라에서 숭봉崇奉한 것은 파양으로부터 시작되 어서 무릇 군대가 주둔해 있는 곳에는 다 제사하게 한 것이 다."[28)]라고 하였다. 주원장이 1383년 진우량陳友諒과 파양호에 서 적벽대전에 버금가는 해전海戰을 치르다가 관우 신령의 도 움을 받아 승리하게 되어 관우를 숭배하게 되었다는 것이다. 따라서 우리는 명에서 관우신앙이 시작되는 단초를 주원장에

---

27) 이마이즈미준노스케, 이만옥 옮김, 앞의 책, 355쪽.
28) 이익, 『성호사설』 제9권 「관왕묘」.

게서 찾을 수 있다.

명의 제3대 황제인 성조成祖(1360~1424)는 영락永樂 원년(1403)에 지금의 북경시 지안문地安門 외곽에 백마관제묘를 세우고 제사를 지냈다. 제14대 황제였던 신종神宗(1563~1620)은 만력萬曆 6년(1578)에 관우의 시호를 '협천호국충의대제協天護國忠義大帝'로 삼아 왕에서 황제로 신분을 격상시켰다. 신종은 다시 만력 42년(1161)에 칙령을 내려 관우를 '삼계복마대제신위원진천존관성제군三界伏魔大帝神威遠鎭天尊關聖帝君'으로 봉하였다. 천지인 삼계에 가득한 마를 굴복시키는 신으로 추대한 것이다. 이로써 관우는 인간이 아닌 신의 반열에 오르게 되었다. 또한 관우는 무묘武廟의 주신主神이 되어 문묘文廟의 공자와 더불어 문무이성文武二聖으로 숭배된다. 이 뒤로 관우의 시호를 약칭하여 '관성제군'으로 불렀다.[29)]

이익은 『성호사설』 제9권 「관왕묘」에서 축윤명祝允明의 『관왕광기關王廣記』를 인용하면서 '복마대제'를 도교에서 수련을 할 때 마신을 제어하는 신장으로 이해한다.

생각건대, 수련修煉의 술법術法이란 반드시 귀매鬼魅를 제거하는 것을 목적으로 삼기 때문에 그런 것이다. 송나라에서 '복마제伏魔帝'로 추봉追封한 것이 바로 그 일이

---

29) 卿希泰主編, 앞의 책, 103~104쪽.

神威遠鎮天尊

명의 신종은 관우의 시호를
'삼계복마대제신위원진천존관성제군'으로 추존하였다.
三界伏魔大帝神威遠鎮天尊關聖帝君

었다.[30]

이규경도 『오주연문장전산고』 「경사편 5: 관장목에 대한 변증설」에서 '복마대제'에 대해 이익과 같은 견해를 보인다.

축윤명祝允明의 《관왕광기關王廣記》에 "송나라 때 무안왕 武安王으로 추봉追封하고 묘호廟號를 의용義勇이라 했는데 도가류道家流가 또 신神으로 신봉하고 있으니, 그를 의용義勇한 사람이라 한다면 옳지만 그가 청정무위淸淨無爲한 도가류와 무슨 관계가 있다고 그처럼 신으로 신봉하는지 모르겠다. 아마도 수련술修錬術에는 반드시 마귀를 제어해야 하기 때문인 것 같다." 하였으니, 명明 신종神宗 때 복마대제伏魔大帝로 추봉한 것도 바로 그런 의미이다.[31]

이규경에 따르면, 관우를 의롭고 용맹한 사람이라고 보는 것은 옳지만 청정무위를 강조하는 도가(도교)와는 본래 아무런 연관이 없다는 것이다. 이규경은 명나라 신종이 관우를 '복마대제'로 시호를 정한 것은 아마도 도교에서 수련을 할 때 마귀를 제어하기 위해서라는 것이다.

---

30) 이익, 『성호사설』 제9권 「관왕묘」.
31) 이규경, 『오주연문장전산고』 「경사편 5: 관장목에 대한 변증설」.

이 뒤에 관우는 명나라의 제왕들의 숭배를 받아 국가에서 제사를 지내는 신으로 격상되었을 뿐만 아니라, 일반 백성들도 그를 관성제군으로 존숭하였다. 신종 만력 때에 관우신앙이 성행하여 북경성 안에 관제묘가 51군데 있었는데, 명 말기에는 적어도 100군데가 더 있었다고 한다.[32]

관우와 청

중국에서 관우신앙이 가장 번성한 때는 청대이다. 김경선이 순조 32년(1832)과 33년 사이에 북경에 갔을 때의 견문을 기록한 『연원직지燕轅直指』 제6권 「누관樓觀과 사묘寺廟」에서 청나라의 관우신앙을 이렇게 설명한다.

관왕묘를 숭봉하는 것은 과거부터 그러했지만 현재 청淸나라에서는 이를 더욱 조심스럽게 한다. 뿐만 아니라 작질爵秩을 엄격히 상고하고 관공關公의 후손을 두루 찾아내어 이들에게 박사博士를 세습시켜 '성예聖裔'라 이름하기를 연성공衍聖公의 경우와 꼭 같게 한다. 그리하여 시골 마을과 성읍城邑에 관왕묘가 없는 곳이 없는데, 그 규모와 사치스럽고 검소한 그곳의 대소 내지 빈부의 정도에 따라 다르다. 편패扁牌 주련柱聯 같은 것은 애써

32) 盧曉衡主編, 앞의 책, 19쪽.

신기한 것을 숭상한다. 심지어는 집집마다 관제關帝의
상을 받들고 조석으로 분향 기도하며 시장 전방들도 그
렇게 한다.[33]

　김경선에 따르면, 청대의 관우신앙이 이전의 명대의 관우
신앙보다 더욱더 극진하게 이루어지고 있다. 청나라는 관운
장의 후손을 찾아서 그들을 성인의 후예로 삼고, 공자의 자손
과 똑같이 대우하였다. 청나라 방방곡곡에 관왕묘가 없는 곳
이 없으며, 백성들은 집집마다 아침저녁으로 관우상에 분향
을 하고 기도를 올렸다.
　청의 관우 숭배는 청 건국 초기에서부터 이미 시작되고 있
다. 명 태조 주원장이 그랬던 것처럼, 청 태조 누루하치도 관
우의 도움으로 적을 물리치고 전투에서 승리했다고 하여 그
은혜에 보답하고자 관성제군을 숭배하였던 것이다. 청나라
제2대 태종은 숭덕崇德 8년(1643)에 성경盛京(지금의 심양)에
다 관제묘를 세우고, 관제묘에 '의고천고義古千古'라는 편액을
내렸다.
　세조世祖 순치順治 9년(1652)에는 관우를 '충의신무관성대
제忠義神武關聖大帝'로 봉하였다. 고종高宗 건륭乾隆 33년(1768)
에는 '영우' 두 글자를 더하여 관우에게 '충의신무영우관성대
제忠義神武靈祐關聖大帝'의 시호를 내리고, 현마다 세운 무묘에

33) 김경선, 『연원직지』 제6권 「누관과 사묘」.

관성제군을 주신으로 삼았다.

관우에게 인종仁宗 가경嘉慶 18년(1768)에는 '신용神勇'의 시호, 문종文宗 함풍咸豊 2년(1852)에는 '호국護國'의 시호, 함풍 3년(1853)에는 '보민保民', 함풍 6년(1856)에는 '정성精誠', 함풍 7년(1857)에는 '영정綏靖'의 시호가 각기 덧붙여진다. 청대의 여러 제왕을 거쳐 덕종德宗 광서光緒 5년(1879)에 이르면, 어마어마한 관우의 시호가 등장한다. '충의신무영우신용위현호국보민정성영정익찬선덕관성대제忠義神武靈祐神勇威顯護國保民精誠綏靖翊贊宣德關聖大帝'라는 26자의 시호이다.[34] 청 말기의 서태후는 삼국시대에 관한 연극을 매우 좋아하였는데, 관우가 등장하는 장면에 이르러서는 경의를 표하기 위해 자리에서 일어서기까지 했다고 한다.[35] 아편전쟁 이후 서구 열강의 제국주의 세력이 몰려오자, 청나라는 백성들에게 관우신앙을 더욱 독려하여 외세의 침략에 대항하고자 하였다.

명청대 내내 조정에 의한 관우의 신격화가 적극적으로 추진되는 가운데 민간에서도 관우를 열렬히 숭배하였다. 부유한 이들은 관우의 금상이나 동상을 만들어 모셨고 가난한 농가에서는 관우의 초상을 인쇄한 목판으로 집안을 장식했다.[36]

---

34) 盧曉衡主編, 앞의 책, 20쪽.
35) 이마이즈미준노스케, 이만옥 옮김, 앞의 책, 343쪽.
36) 이마이즈미준노스케, 이만옥 옮김, 앞의 책, 343쪽.

관우의 작위와 시호[37]

시대	추증년도	작위와 시호
후한	건안 5년(200)	편장군 한수정후
후한	건안 24년(219)	전장군
촉	경요 3년(260)	장무후
북송	휘종 숭녕 원년(1102)	충혜공
북송	휘종 숭녕 3년(1104)	숭녕진군
북송	휘종 대관 2년(1108)	무안왕
북송	휘종 선화5년(1123)	의용무안왕
남송	고종 건염 2년(1128)	장무무안왕
남송	고종 건염 3년(1129)	장무의용무안왕
남송	효종 순희 4년(1177)	영제왕
남송	효종 순희 14년(1187)	장무의용무안영제왕
원	문종 천력 원년(1328)	현령무안영제왕

37) 관우의 작위와 시호의 년도에 대해 인용된 책마다 관점이 조금씩 다르기 때문에 편차가 있다.

시대	추증년도	작위와 시호
명	태조 홍무 원년(1368)	전장군한수정후
명	신종 만력 6년(1578)	협천호국충의대제
명	신종 만력 4년(1161)	삼계복마대제신위 원진천존관성제군
청	순치 9년(1652)	충의신무관성대제
청	고종 건륭 33년(1768)	충의신무영우관성대제
청	인종 가경 18년(1768)	충의신무영우신용관성대제
청	문종 함풍 2년(1852)	충의신무영우신용 호국관성대제
청	문종 함풍 3년(1853)	충의신무영우신용 호국보민관성대제
청	문종 함풍 6년(1856)	충의신무영우신용 호국보민정성관성대제
청	문종 함풍 7년(1857)	충의신무영우신용호국 보민정성영정관성대제
청	덕종 광서 5년(1879)	충의신무영우신용위현호국보민 정성영정익찬선덕관성대제

하늘을 돕는 대제라는 의미에서 관우의 시호를 '협천대제協天 大帝'라 부른다.

관우의 호칭과 관우묘

관우는 관충의關忠義, 관왕關王, 무안왕武安王, 관제關帝, 성제聖帝, 관성제關聖帝, 성제군聖帝君, 관성제군關聖帝君, 협천대제協天大帝, 복마대제伏魔大帝, 관삼랑關三郎, 관공關公, 관노야關老爺 등으로 불린다. 관묘關廟, 관제묘關帝廟, 관성묘關聖廟, 관왕묘關王廟, 관성제묘關聖帝廟, 노야묘老爺廟, 충의묘忠義廟 등으로 불리는 관우의 사당이 중국 전역에 깔려 있다. 관우의 묘는 관림關林이라 불린다. 중국에서 황제의 묘는 릉陵이라 하고, 성인의 묘는 림林이라고 한다. 중국 역사상 성인으로 일컬어지는 인물은 두 사람-공자와 관우-이다. 공자의 묘는 공림孔林이고, 관우의 묘는 관림關林이다. 관우의 묘는 세 군데나 있다. 관우는 죽은 뒤에 머리와 몸이 따로 묻혔다. 관우를 죽인 손권이 그의 몸은 당양當陽에 묻고, 머리는 조조에게 보냈기 때문이다. 관우의 목이 안장된 곳은 낙양의 관림이고, 관우의 몸이 안장된 곳은 호북성 당양의 관릉關陵이며, 관우의 고향인 산서성 해현에는 관우의 영혼을 달래는 운성 관제묘가 있다.[38] 그래서 민간에서는 "머리는 낙양을 베개 삼고, 몸은 당양에 누워 있으며, 혼은 고향으로 돌아갔다."라는 속언이 전해진다.

명대에서부터 관우를 모시는 사당은 전국 각지에 일반화되

38) 최우석, 『삼국지 경영학』(서울: 을유문화사, 2011), 192쪽.

낙양의 관림關林

관우를 제사하는 사당으로 관우의 목을 매장한 곳으로 알려져 있다. 지금의 낙양
시 남쪽에 있는 관림진에 있다. 명나라 만력萬曆(1573-1620) 년간에 처음 세워졌
고 청나라 건륭乾隆(1736-1795) 년간에 증축되었다. 대전 앞에 돌난간으로 된 통
로가 있고, 통로 양측의 난간에는 108기의 돌사자 조각이 있다.

었다. 우리는 이런 사실을 서애西涯 류성용(1542~1607)의 기록에서 찾아볼 수 있다.

내가 왕년에 연도燕都에 갈 때, 요동으로부터 연경까지 수천 리에 이르는 사이에 유명한 성이나 큰 읍과 여염이 번성한 곳이면 모두 묘우廟宇를 세워 한수정후漢壽亭侯 관공關公을 제사하고 인가에 이르러서는 사사로이 화상을 설치하여 벽에 걸어 두고 향을 피우고, 음식이 있으면 반드시 제사하는 것이었다. 무릇 일이 있을 때에는 반드시 기도하고, 관원이 새로 부임했을 때는 목욕재계하고 관왕묘에 나가 알현하는데 심히 엄숙하고 공경하였다. 내가 이상히 여겨 어떤 사람에게 물었더니 북방뿐만 아니라 곳곳마다 이같이 하는데 천하가 다 똑같다고 하는 것이었다.……명나라 서울에 있는 묘 앞에는 두 개의 긴 장대를 세우고 두 개의 깃발을 달았는데, 한 곳에는 '협천대제協天大帝'라 씌어 있고 한 곳에는 '위진화이威振華夷'라고 씌어 있었다. 그 글자의 크기가 서까래만하여 바람이 불면 반공에 휘날리어 멀리서나 가까이서나 모두 우러러보게 된다. 또 그 대제의 호는 명나라 조정에서 추숭追崇한 것이라고 이르니 그 존숭尊崇이 지극함을 볼 수 있겠다.[39]

<hr />

39) 류성용, 『서애집II』 「기관왕묘」.

청대에는 관우사당이 더욱 늘어나 전국에 관제묘가 약 480개가 있었다. 그리고 1930년에 대만에는 관제묘가 약 150개가 있었다.[40] 그리고 민간신앙에서 관우는 수명과 복록을 관장하고 과거 시험에 합격하도록 도우며, 질병을 치유하고 재앙을 물리치며, 사악한 기운을 없애고 삿된 마를 물리치며, 비를 내려 가뭄을 해갈하며, 반역하는 무리에게 벌을 내리며, 상인을 보호하고 재물을 내려 주는 등 인간 세상의 모든 문제를 말끔하게 해결해 줄 수 있는 '만능신萬能神'으로 부각되었다.[41]

연암 박지원은 정조 4년(1780)에 청 건륭제 칠순 잔치 사절단으로 가면서 당시 구요동성에 있던 관제묘를 참관한 기록을 남겼다. 이를 통해 청나라 관제묘의 구조와 관제묘에 대한 청나라 사람들의 인식을 알 수 있다.

> 묘당廟堂이 웅장 화려하여 복전複殿과 중각重閣에 금빛·푸른빛이 휘황찬란하다. 그 정전正殿에는 관공關公의 소상塑像을 모셨고, 동무東廡에는 장비張飛, 서무西廡에는 조운趙雲을 배향配享하였으며, 또 촉蜀의 장군 엄안嚴顔의 굴복하지 않는 꼴을 설치하였다. 뜰 가운데에는 큰 비碑 몇이 서 있는데, 모두 이 사당의 창건과 중수한 사실의 시말을 적은 것이다. 그 중 새로 세운 한 비는, 산

---

40) 盧曉衡主編, 앞의 책, 20쪽.
41) 盧曉衡主編, 앞의 책, 95쪽.

서山西의 한 상인商人이 사당을 중수한 일을 새긴 것이
다. 사당 안에는 노는 건달패 수천 명이 왁자하게 떠들
어, 마치 무슨 놀이터 같다. 혹은 총과 곤봉을 연습하고,
혹은 주먹 놀음과 씨름을 시험하기도 하며, 혹은 소경
말·애꾸말을 타는 장난들을 하고 있다. 또는 앉아서 수
호전水滸傳을 읽는 자가 있는데, 뭇 사람이 삥 둘러앉아
서 듣고 있다.[42]

중국인들은 사비를 들여 관제묘를 보수하고 재건할 만큼
관우를 극진히 받들었다. 그리고 그들은 관제묘를 마치 놀이
터같이 활용하였던 것이다. 중국인들은 관우를 자신들의 든
든한 보호자이자 친근한 벗으로 여겼던 것이다.

중화민국 초기에 이르러서 관우는 보통의 신에서 남성신
가운데 최고신인 '옥황상제玉皇上帝'의 지위에 오르게 된다.[43]
그러나 문화대혁명(1966~1976)이 일어나면서 관우신앙은
우상숭배라는 비판을 받아 미신으로 간주되다가, 1980년대
등소평의 개방정책이 실시되면서 점차적으로 회복되는 추세
를 이루고 있다.

그렇다면 중국의 관우신앙은 어떤 특성을 지니고 있는 것
일까? 중국의 관우신앙은 국가와 왕실의 주도와 관리 아래 이

42) 박지원, 『열하일기』 「관제묘기」.
43) 盧曉衡主編, 앞의 책, 211쪽.

루어졌다. 중국 역대의 제왕은 자신들의 정치적인 필요성에서 관우의 신격화를 의도적으로 기획하고 추진하였다. 중국 역대의 제왕들은 관우의 신격을 후대로 갈수록 더욱더 높였다. 마치 태양이 수평선에서 서서히 떠올라 하늘 가운데로 치솟듯 말이다. 제왕들은 무장에 지나지 않았던 관우를 제후로 만들고 마침내 신으로 높여서 존숭하였다. 이는 관우신앙이 국가의 정치적 질서와 안정을 추구하는데 그만큼 절실하게 필요했다는 것을 반증하는 일이다. 특히 북송과 남송은 이민족의 침입으로 나라가 위기상황에 처했을 때, 관우신앙을 조정과 민간에 널리 보급함으로써 '충의의 화신'인 관우를 통해 국가와 왕실의 안녕을 꾀하였던 것이다. 송나라만 그런 것이 아니다. 명대에서도 태조 주원장에서부터 명나라 말까지 위정자들은 자신들의 정권을 공고화하기 위해 관우의 '충의'의 정신을 내세웠다.

북방의 이민족 국가인 원이나 청에서도 관우신앙을 매우 중시하였다. 한족이든 이민족이든 중국의 위정자들이 관우를 활용해서 국가에 대한 충성과 의리를 내세운 측면에서는 다를 바가 없었다. 예나 지금이나 통치자들은 언제 어디서 누가 반란을 일으켜 자신의 정치적 기반을 한꺼번에 무너뜨릴지도 모른다는 불안감과 공포감에 휩싸여 산다. 인류의 역사는 믿었던 사람에게 발등이 찍힌 '배반의 역사'이기 때문이다. 그러니 위정자들은 언제나 변함없이 오롯이 자기에게 충성을 바치고 의리를 지키는 존재가 필요하기 마련이다. 이런 측면에서 관우는 역사상 그 어떤 사람보다도 위정자들에게는 국가를 보위하는 데 꼭 필요한 인물이었던 것이다.

중국에서 관우신앙은 단순히 정치적인 영역에 국한되지 않았다. 종교적인 측면에서도 관우는 숭배 대상이었다. 불교에서는 절을 지키는 가람신이었으며, 도교에서는 악귀를 쫓아내고 모든 재난과 고통에서 벗어날 수 있게 해주는 '삼계복마대제'였으며, 유교에서는 인간의 도리를 가르치는 '문신'이자 전쟁터에서 적을 물리치고 나라를 지키는 용맹무쌍한 '무신'이었다. 관우는 정치적인 신이자 종교적 신이었던 것이다.

뿐만 아니라 관우는 민중들의 삶의 근심과 고통을 해결해주는 '만능신'이 되었다. 온갖 악귀로부터의 보호해 주는 '복마신'이고, 재물을 지켜주는 '재신'이며, 전쟁에서 적을 물리칠 수 있게 해주는 '무신'이며, 문화와 교육을 창도하는 '문신'이며, 질병을 치유하는 '치병신'이며, 인간의 길흉화복을 미리 점지해 주는 '무속신'이 되었다.

현재 중국 대륙과 대만에서는 호텔이나 상점 등에서 관우를 재신으로 모시고 있다. 이는 일반 대중들의 경제적 필요성에 의한 것이라고 하겠다. 결론적으로 말한다면, 관우신앙은 11세기 초부터 지금까지 900여년 이상 끊임없이 지속되고 있다.

3. 한국의 관우신앙

한국의 관우신앙은 중국의 관우신앙과 마찬가지로 국가의 필요성에 의해 중앙 정부의 주도 아래 이루어졌다. 관우신앙은 임진왜란을 계기로 명나라의 장수들에 의해 한국에 전파된다. 초기에는 관우를 단순히 역사적 인물로만 평가했기 때문에 위정자들뿐만 아니라 민중들도 관우신앙을 거부하였다. 그 뒤 중앙 정부에서 주도적으로 관왕묘를 설립하고 국가 의례로 결정하는 등 적극적인 정책을 펼치자 위정자뿐만 아니라 민간까지도 관우신앙이 서서히 전파되었다.[1]

3.1 한국 관우신앙의 유래와 관제묘 설립

한국의 관우신앙이 생겨나게 된 원인은 무엇이고, 어떤 전개 과정을 통해 어떻게 확산된 것일까? 한국에서 중국의 관왕묘에 대한 최초의 언급은 성종 19년(1488) 중국에 표류하였

---

1) 유상규, 앞의 글, 42쪽.

던 최부崔溥(1454~1504)의 『표해록漂海錄』에 나온다.

> 다시 나가구羅家口, 고관창高官廠등 포와 관왕묘關王廟를
> 지나서 제남부濟南府 지방의 양점역良店驛에 이르렀습니
> 다.[2]

남관왕묘의 설립

임진왜란이 일어나기 전까지는 조선에서 관우에 대한 숭배
나 신앙의 흔적을 찾아볼 수 없다. 조선에서 관우신앙과 관왕
묘가 처음으로 생겨난 것은 임진왜란 때이다. 관왕묘를 처음
으로 세운 것은 명의 장수인 유격대장 진인陳寅이다.(『해동성
적지』에는 진인陳寅으로 되어있지만, 『조선왕조실록』에는 진
린陳璘으로 되어 있다.) 류성룡은 이런 사실을 다음과 같이 말
한다.

> 정유년 겨울에 명장明將이 모든 군영을 합하여 울산에
> 웅거한 적을 공격하였으나, 불리하여 무술년 1월 4일에
> 물러났다. 그중에 유격장군 진인陣寅이 있었는데 힘써
> 싸우는 도중에 적의 탄환을 맞고 실려 서울에 돌아와
> 병을 조리하였다. 그는 우거하고 있던 숭례문 밖 산기슭

---

2) 최부 지음, 박원호 역주, 『표해록역주』(서울: 고려대출판부, 2006), 237쪽. "又
過羅家口高官廠等鋪關王廟, 至濟南府地方良店驛."

에 묘당 한 채를 창건하고 관왕關王과 제장諸將의 신상神像을 봉안하였다. 경리經理 양호楊鎬 이하가 각기 은냥을 각출하여 그 비용을 돕고, 우리나라도 은냥으로 도와서 묘를 완성시켰다. 주상께서도 몸소 그곳에 가 보실 때에 내가 비변사備邊司 여러 막료들과 더불어 수행하여 묘정에 나가 그 상에 두 번 절하였다. 상은 흙으로 빚어 만들었는데 얼굴의 붉기가 잘 익은 대추와 같고 봉鳳의 눈에다 수염을 길게 드리웠는데 배 밑까지 닿았다. 좌우의 소상塑像 2인은 큰칼을 짚고 서서 모시고 있는데 관평關平과 주창周倉이라고 한다. 엄연히 마치 살아 있는 것 같았다. 이로부터 모든 장수들이 출입할 때마다 참배하며 우리 동국을 위하여 신의 도움으로 적을 물리쳐 달라고 빌었다. 5월 13일 묘에 크게 제사를 드렸는데, 이날이 관왕의 생신이라고 하였다. 만약 뇌풍雷風의 이변이 있으면 신이 이른 징조라고 했다. 이날 날씨가 청명하였는데, 오후에는 검은 구름이 사방으로 일어나 큰 바람이 서북쪽으로부터 불어오고 뇌우가 함께 오다가 잠시 후에 그쳤다. 사람들이 모두 기뻐하면서 "왕신王神이 강림하였다."고 하였다.[3]

---

3) 류성용, 『서애집 II』 「기관왕묘」.

선조 31년(1598) 4월에 진인이 울산의 도산 전투에서 총상을 입고 서울로 후송되어 치료를 받던 중에 관왕이 현령하여 자신의 상처가 나았고 전투에서 신병神兵의 도움이 있었다며 당시 자신이 머물고 있던 남산 기슭에 남관왕묘를 세웠다.

그렇다면 진인이 관왕묘를 지은 것은 무엇 때문일까? 이는 진인이 '전쟁의 신'인 관우의 신령이 전투에서 적으로부터 명나라 군사를 보호해 준다는 의식을 불러일으킴으로써 명나라 군사들의 사기와 자신감을 북돋울 뿐만 아니라, 자신의 부하들에게 아무런 부상 없이 무사히 고향집으로 돌아갈 수 있다는 확고한 믿음을 주기 위한 것이었다.

선조 31년 4월 25일 승정원에서 선조에게 진인의 접반관 이흘李忔이 서계書啓를 올리면서 남관왕묘를 세우게 된 경위를 이렇게 밝히고 있다.[4]

전일에 진유격陣遊擊이 하처下處 후원後園 위의 구가舊家를 이용하여 관왕묘關王廟를 세우고 소상塑像을 설치하였는데, 공역功役은 아직 완료되지 않은 상태입니다. 그런데 조금 전 유격이 신을 불러 이르기를, "내가 어제 양노야楊老爺를 뵙고 사당 건립 문제를 여쭈었더니 양노야가 좋다고 하면서 즉시 와 보고 하는 말이 「묘전廟前

---

4) 아래에 나오는 『조선왕조실록』의 인용문은 『조선왕조실록』 DB를 활용했음을 밝혀 둔다.

남관왕묘의 입구와 정전

우리나라에서 처음으로 건립된 관왕묘로서 남묘라고 부르기도
한다. 본래 남대문 근처에 있었으나, 1979년에 지금의 서울시 동
작구 사당동 180-1번지로 옮겨졌다.

이 너무 낮고 좁으니 전각을 새로 짓고 좌우에 장묘長
廟를 세울 것이며, 앞뜰에는 중문重門을 세워 영원히 존
속되도록 해야지 이렇게 초초草草하게 해서는 안 된다.」
하면서, 이어 보시報施로 은銀 50냥을 내놓고 갔다.… 또
말하기를, "다른 나머지 공역들이야 의당 우리 군사들
을 시킬 것이나 목수木手 이장泥匠 등은 귀국의 솜씨 좋
은 자들을 불러 써야 할 것이다. 이 일은 우리를 위해 하
는 것이 아니라 바로 귀국의 대사大事를 위하여 한 것이
므로 그 뜻을 국왕께서도 꼭 아셔야 할 것이다." 하였습
니다.… 전교하기를 "도감에 맡겨 도감관都監官을 별도
로 정하여 모든 것을 한결같이 분부에 따라 소홀함이
없도록 하라."하였다.[5]

진인은 관왕묘의 설립이 단순히 명나라만을 위한 일이 아
니라 조선을 위한 일이라는 사실을 강조하여 조선의 조정에
서 관왕묘 설립에 협조할 것을 강력하게 요청하였다. 그러자
선조는 관왕묘의 건립을 전담하는 도감관을 별도로 정하여
남관왕묘의 건축을 적극적으로 돕게 하였다.

선조 31년(1598) 5월 12일 선조는 홍문관에 전교를 내려
관왕묘에 대한 의례를 찾아보게 하였다. 홍문관에서는 다음
과 같이 선조의 전교에 답하였다.

5) 『선조실록』 선조 31년 4월 25일조.

관왕묘에 행례하는 일에 대해 널리 상고하라는 전교가
있었습니다. 그래서 여러 가지 서적을 두루 상고하였으
나 옛날 여러 가지 제사를 지낸 유類에서는 준거할 만
한 것이 없었고, 오직 송조宋朝 개보開寶 3년에 유사有司
로 하여금 전대 공신功臣과 열사烈士의 등급을 품제品第
하여 아뢰게 하였는데, 관우關羽도 그 속에 들어 있으니,
소위 관왕묘라는 것은 명나라 이전에 이미 제사지낸 일
이 있습니다. 중국 장수들은 매우 존경하여 사맹삭四孟
朔과 세모歲暮 및 그의 생신에는 모두 관원을 보내어 치
제한 사실이 『대명회전大明會典』의 증사신기편增祀神祇篇
첫머리에 기록되어 있습니다. 이래서 경리를 비롯한 제
공諸公들이 관왕묘에 나아가 분향하고 또 상께서도 예
식을 행하시도록 요청하는 것입니다. 그러나 우리나라
로 말하면 이런 제사는 없었고 엇비슷하여 모방할 만한
규칙을 구하고자 하였으나 역시 상고할 수가 없었습니
다. 이미 응당 행해야 할 제사가 아닌데 경솔하게 조처
하면 올바른 제사의 의식에 합당치 않을까 걱정이 됩니
다.[6]

홍문관에서는 선조에게 중국과는 달리 조선에서는 관왕
묘에 제사하는 의례를 찾아볼 수 없다고 아뢰었다. 여기에서

6) 『선조실록』 선조 31년 5월 12일조.

우리는 조선시대 선조 이전까지는 관우에 대한 제사 의식이 따로 없었다는 사실을 분명하게 확인할 수 있다. 선조 31년 (1598) 5월 12일 예조에서는 선조에게 관왕묘에서 국왕이 제사를 지낼 때 국왕이 지켜야 할 예절에 대해 다음과 같이 아뢰었다.

> 예조가 아뢰기를 "관왕묘에 치제하는 의식은 우리나라에서는 전에 없던 것으로 예절을 아직 강정하지 못하였으니, 참으로 경솔하게 조처하기 어렵습니다. 그러나 중국 장수가 굳이 요청하면 형편상 그만둘 수 없으니 우선 비변사의 계사啓辭대로 분향하고 경의를 표하는 의식만 행하는 것이 어떻겠습니까?"하니, 아뢴 대로 하라고 전교하였다.[7]

남관왕묘가 건립되자 양호를 비롯한 명나라의 장수들이 관우의 생일인 선조 31년 5월 13일에 선조가 관왕묘의 제례 의식에 참여할 것을 강요하였다. 선조가 참석하려고 차비를 하다가 갑자기 비가 많이 쏟아져 급작스레 취소하였다. 그러나 선조 31년 5월 14일에 선조는 결국 관왕묘에 직접 가서 무릎을 꿇고 앉아서 분향을 한 다음에 술 석 잔을 올리고, 관우에게 재배하는 예식을 거행했다.

---

7) 『선조실록』 선조 31년 5월 12일조.

신흠(1566~1628)은 『상촌집』 제10권에서 남관왕묘가 설립된 뒤 16년이 지나서 지난날 응교의 직책으로 있으면서 관왕묘의 전례를 찾아보던 일과 선조가 관왕묘에 참배하던 일을 회상하면서 이렇게 말한다.

무술년 봄에 남관왕묘가 이루어졌는데 중국 장관將官 유인劉寅이 직접 그 일을 관리 감독하고서 선조 대왕께 친림親臨하실 것을 굳이 요청하자, 선조 대왕은 유신儒臣에게 명하여 관왕의 사당이 본디 사전祀典에 들어 있는지의 여부를 상고해 내도록 하셨다. 그 당시 만취晩翠 오공억령吳公億齡은 부제학이고 나는 응교應敎로 있었는데 옥당에 함께 숙직을 하면서 〈대명회전大明會典〉을 상고해 보니, 관왕묘는 산천 각 신들의 대열에 들어 있고 봄가을에 향을 내리는 것으로 되어 있었으므로 그대로 아뢰었다. 이튿날 선조께서 사당에 거둥하여 몸소 제전祭典을 행하셨으며 중국 장관들이 일제히 사당 아래에 모여 있었으므로 그들을 위해 여러 가지 놀이를 연출하였는데, 도성 사람들이 실컷 구경하였다. 그런데 이제 16년이 지났다. 때마침 손님을 전송하느라 사당에까지 이르고 보니 옛날 생각이 서글프게 떠올랐다.[8]

8) 신흠, 『상촌집』 제10권.

동관왕묘의 설립

남관왕묘가 건립된 이듬해, 명나라의 요청에 따라 또 다른 하나의 관왕묘인 동관왕묘를 세우려는 계획이 수립되었다. 선조 32년(1599) 4월 29일에 선조는 관왕묘 설립에 관한 일로 전교를 내리면서 다음과 같이 말했다.

관왕묘關王廟의 건립에 관한 일을 전일 주선하도록 하여 흥인문興仁門 밖의 조산造山 근처에 설립하게 하였다. 그런데 지금은 남대문南大門 밖에 설립하겠다고 하니, 전일의 하교대로 도모할 수 없어서인가, 어찌하여 분명하게 못하는가? 남대문 밖에는 이미 관왕묘가 있으니, 또 세우는 것은 합당치 않다. 모름지기 동대문 밖에 세워야 하는데 그렇게 하는 것은 생각이 있어서이다. 일찍이 중국 사람에게 들은 말이 있다. 지금 다시 세울 곳을 고르는 일은 애초 섭정국葉靖國으로부터 나왔으니, 만일 정국에게 이 일을 꾀한다면 일이 혹 될 듯도 싶다.… 혹시라도 동대문 밖이 불가할 경우에는 훈련원訓練院 근처가 좋겠다. 본원은 바로 무사武士들을 연습시키는 곳이니, 관왕묘를 그곳에 설립하는 것은 곧 옛날 무성왕묘武聖王廟를 설립하였던 유지遺志이다. 동방東方이 길吉한 곳이라 하니 성 안이나 성 밖이나 아울러 헤아려 의논하여

동관왕묘의 정전과 그 안에 모셔진 관우상

관우를 모시는 사당으로 지금의 서울시 종로구 숭인동에 있다.
동묘라고도 부른다.

아뢰도록 예조에 이르라.[9]

이긍익은 『연려실기술』에서 동관왕묘가 어떻게 세워지게 되었는가 하는 것을 이렇게 기술한다.

만력萬曆 30년에 명나라의 신종황제神宗皇帝가 4천 금金을 무신撫臣 만세덕萬世德에게 부쳐서 조선 서울에 관왕묘를 세우도록 하였는데, 그 조서에 이르기를, "관공의 신령이 본래 중국에 나타났었는데, 왜란을 평정하는 역사에도 뚜렷한 도움을 받았다 하니, 조선에서도 당연히 신주를 모셔야 한다."하였다. 이에 동대문 밖에 땅을 택하여 대신에 명하여 감독하게 하였는데, 경자년부터 역사役事를 시작하여 3년 만인 봄에 준공하였다. 그 소상塑像은 그림의 모양에 의한 것이며, 전각殿閣·행랑·문간·쇠 종과 북을 설치하여 놓은 것이 무릇 백여 칸이나 되는데, 모두 중국의 제도에 의한 것이다. 편액扁額에 쓸 것을 명나라 조정에 청하여 명나라 임금의 뜻을 받아 '현령소덕왕관공의묘[顯靈昭德關公之墓]'라고 세웠다.[10]

당시 명나라에서는 관우신앙의 열기가 한참 고조되던 때였

9) 『선조실록』 선조 32년 4월 29일조.
10) 『연려실기술』 별집 제4권.

다. 명나라의 신종은 관우신앙의 신봉자였다. 그는 금 사천냥을 보내어 관왕묘 설립을 독려했다. 조선은 명나라 신종의 칙령을 받들어 동대문 밖 영도교 근처에 동관왕묘를 착공하였다. 3년 동안의 공사를 통해 마침내 1601년에 완성되었다.[11] 동관왕묘는 명의 요청에 의해 '현령소덕관공지묘顯靈昭德關公之墓'라는 편액을 달았다.

남관왕묘가 단기간에 건립된 것에 비해 동관왕묘가 3년간이나 긴 시간을 끈 것은 명군이 거의 철수한 뒤이기 때문에 대신들의 이의異議가 많았기 때문일 것으로 추정된다.[12] 남관왕묘와는 달리 동관왕묘는 그 공역의 부담을 대부분 조선이 감당하게 되었다. 전쟁이 막 끝난 어지러운 상황에서 동관왕묘를 건립하기 위해 막대한 인력과 물자를 대는 것은 어려운 일이었기 때문에 공사는 쉽사리 진척되지 않았다. 동관왕묘를 짓는데 매달 많은 군사가 필요했다. 병조에서는 매달 200명의 군인을 차출하였다. 그것도 인원이 모자라 경기, 충청, 강원 등의 지방군을 강제로 동원하였다. 이 때문에 동관왕묘 설립에 대한 비판과 민원이 끊이지 않다.[13]

또한 조선 사대부들은 관우 숭배를 달갑게 여기지 않았다. 왜냐하면 일개 무장에 불과했던 관우를 신으로 떠받드는 것

11) 『선조실록』 선조 34년 8월 27일조: "관왕묘를 3년 동안 지은 것이 비록 완만하기는 하였으나 그 노고가 없지 않다."
12) 이상곤, 『서울의 민간신앙』(서울: 백산 출판사, 1996), 213쪽.
13) 이상곤, 앞의 책, 216~217쪽.

은 성리학의 합리적 사유 방식으로 비추어 볼 때 미신적인 것에 불과하기 때문이다. 선조 32년 6월 22일 경리도감 윤근수가 선조에게 동묘를 건축할 장소로 영도교 곁으로 결정하였다고 아뢰는 부분에서 사관은 "관왕묘의 역사는 매우 허탄虛誕한 일로 한번 짓는 것도 그릇된 일인데 금지하지 못하였고 이제 또 동교東郊에 토목 공사를 크게 일으키니, 전쟁으로 인해 살아남은 백성들이 어떻게 살아갈 수 있겠는가."[14]라며 통탄을 금치 못하고 있다. 이는 조선의 유교 정부가 명나라의 강요로 관우신앙을 수용하였으나, 사대부들은 유교적 정통주의 입장에 따라 거부의 입장을 취한 것이다.

그렇다면 선조는 왜 조정과 민간에서 수많은 사람들이 반대하고 비판하는데도 불구하고 동관왕묘의 설립에 찬성하였을까? 명나라의 조정과 장수들의 강력한 요청을 뿌리치기 어려운 측면도 있었지만, 선조 나름의 치밀한 의도와 계산이 있었다. 선조는 관왕묘의 건립을 통해 관우의 충의정신을 고취함으로써 신하들과 군사들로 하여금 충성심을 유도하여 국가를 수호하고 왕권을 더욱 강화하려고 했던 것이다.[15]

그런데 흥미로운 사실은 동관묘의 설립이 조선의 '풍수風水'사상과도 깊이 연관되어 있다는 사실이다. 풍수 이론에 따르면, 서울의 동쪽은 지기가 허약하여 건물을 짓고 연못을

14) 『선조실록』 선조 32년 6월 22일조.
15) 한명기, 『임진왜란과 한중관계』(서울: 역사와 비평사, 1999), 181쪽.

파서 지맥을 보충해야 할 필요성이 있었다. 서울 남쪽에 이미 관왕묘가 있었기 때문에 관왕묘를 군이 더 하나 지어야 한다면, 동쪽에다 지어 지기地氣를 보충할 필요가 있었던 것이다.[16] 관왕묘를 세워 동쪽의 지기를 되살리겠다는 선조의 발상은, 민심의 이반과 반란의 조짐을 두려워하는 선조의 심리와도 연관성을 지니고 있다고 하겠다. 아울러 전쟁이라는 극단적 상황을 맞고 난 뒤의 일반 사람들이 모든 일을 합리적으로 설명하려 하기보다는 인간의 길흉화복이나 운명에 대한 관심이 많게 된 사실과도 일정한 관련이 있을지도 모른다.[17]

조선의 관왕묘

조선에서 관왕묘는 관성묘, 관묘, 관제묘, 성제묘, 관황묘 등으로 다양하게 불리었고, 서울의 관왕묘는 묘당의 위치에 따라 동묘, 서묘, 남묘, 북묘 등으로 불리기도 한다. 관제묘는 서울의 동서남북 네 묘를 포함하여 장충동의 관성묘, 중구 방산동의 성제묘 등이 있었고,[18] 지방에는 안동, 성주, 강진, 남원, 고금도, 전주, 하동, 진안, 동래, 강화, 태인 등에 건립되었다.

16) 전인초, 「관우의 인물 조형과 관제신앙의 조선 전래」(『동방학지』, 연세대학교, 328쪽.)
17) 한명기, 앞의 책, 182~183쪽.
18) 장장식, 앞의 글, 406~407쪽.

전주 관성묘 정문

관우를 제사지내는 사당의 이름은 관우의 시호가 달라짐에 따라 여러 가지 다른 호칭이 있다.

남원 관왕묘

전북 남원시 왕정동에 있는 관우의 사당. 원래 임진왜란 때 남원에 주둔하였던 명나라 군대가 자신들의 수호신으로 숭배하던 관운장을 모시기 위해 세운 것이다. 영조 17년(1741)에 남원부사 허린許潾이 현재의 위치로 옮겼다. 매년 봄가을에 제사를 지내고 있다.

3.2 국가 주도의 관우신앙

이혜순은 역사박물관에서 열린 '석학과 함께하는 인문 강좌'에서 "지난 역사 속에서 중국 귀화인과 사신들을 통해 많은 외래문화가 유입되었으며, 특히 임진왜란 이후 특히 명明의 사신들은 조선 측에 양명학陽明學, 관제關帝 사상 등을 받아들일 것을 강력하게 요청해 왔다."고 말한다. 명의 강요에 의해 관제신앙이 시작되었지만, 관우신앙은 병자호란을 거치면서 조선에서 점차 세력을 확장하게 된다. 청에 의해 명이 멸망한 뒤에는 관우신앙은 명에 대한 의리를 표방하는 유지遺址의 역할까지 하게 된다.[19]

관우와 선조

선조는 32년(1599) 4월 17일에 명나라 장수 허국위와 만나 중국의 관우신앙에 대한 문답을 주고받는다.

또 말하기를 "관왕묘關王廟는 영이靈異한 일이 심히 많으니, 국왕께서도 모름지기 더욱 존경하시기 바랍니다."하였다. 상이 이르기를 "관왕은 어느 때에 신조神助의 공이 있었고, 어느 때에 협천대제協天大帝로 봉해졌소이까?"하

19) 김일권, 앞의 글, 184쪽.

니 국위가 말하기를, "태조太祖 때에 음조陰助의 공이 있
었기 때문에 무안왕武安王으로 봉하였고 만력萬曆 13년
에 협천대제로 봉했습니다."하였다.[20]

선조가 명의 관우신앙에 대해 허국위에 물은 것은 관우신
앙이 명에 어떤 정치적 이득이 있는가 하는 것이다. 앞서 언
급한 것처럼, 선조가 관왕묘 설립에 대한 사대부와 백성들의
비판과 반발을 의식하면서도 관왕묘 설립과 관우 제사에 적
극적 관심을 보인 것은 상무정신의 숭상을 통해 왕실의 안녕
과 왕권의 강화를 이루기 위한 것이었다. 명이나 조선이나 모
두 국가와 왕실의 정치적 이득을 위해 관우신앙에 관심을 보
인 것이다. 하여튼 조선에서 관우의 시호는 선조를 거쳐 숙종
과 영조와 정조에 이르기까지 주로 '무안왕'으로 칭하게 된
다. 그 뒤 고종이 황제로 등극하면서 관우를 왕에서 황제로
높여 '현령소덕의열무안관제顯靈昭德義烈武安關帝'로 부르게 된
다.

관우와 광해군

선조 이후 광해군은 광해 4년(1612) 6월 1일에 예조에다 이
전에 관왕묘를 제사한 전례가 있는지를 물어보면서, 관왕묘
를 설치하지 않았으면 모르지만 기왕에 설치되어 있으니 그

20) 『선조실록』 선조 32년 4월 17일조

신을 모독할 필요는 없다고 하여 관왕묘를 보수하라고 지시한다. 광해군의 질문에 신하들이 심의한 뒤에 "관왕묘의 제례는 둑소纛所의 예에 의하여 매년 봄가을 경칩일驚蟄日과 상강일霜降日에 관원을 보내 거행합니다."[21]라고 대답하였다. 광해군은 '둑소의 예'에 따라 매년 경칩일과 상강일에 관원을 보내 관왕묘에 제사를 지내도록 하였다. 여기서 '둑소의 예'란 치우蚩尤를 둑신纛神으로 삼아 뚝섬(둑도纛島)에서 지내는 국가의 제례를 말한다.[22]

광해군이 자발적으로 허물어진 관왕묘를 수리하라고 명한 것은 명과 후금 사이에서 중립 외교를 모색하던 중에 조선이 명에 여전히 의리를 지키고 있다는 사실을 넌지시 보여주기 위한 외교적 책략으로 보인다. 이런 사실을 우리는 광해군 10년(1618) 11월 18일 관왕묘와 양경락의 비각을 서둘러 수리하는 대목에서 읽을 수 있다.

> 유도독柳都督의 차관이 올라오니, 동쪽의 관왕묘關王廟와 양경락楊經略의 비각을 서둘러 점검하고 수리하여 기다리도록 하라.[23]

---

21)『광해군 일기』광해군 4년 6월 1일조.
22) 장장식, 앞의 글, 62쪽.
23)『광해군 일기』광해군 10년 11월 8일조.

광해군 이후 조선에 오는 명의 사신들이 관왕묘를 방문하는 것은 하나의 관례처럼 굳어졌던 것으로 보인다. 중국인들 역시 임진왜란 때에 자기네들의 강요에 의해 만들어진 조선 전쟁의 참전 기념물이라 할 수 있는 관왕묘가 어떻게 보존되고 있는가에 대한 관심을 보였던 것이다.[24] 이는 관왕묘의 보존 상태가 명에 대한 조선의 태도와 관심을 읽어낼 수 있는 중요한 나침반으로 작용하고 있음을 시사한다.

광해군을 몰아내고 반정으로 왕위에 오른 인조는, 거의 망하게 된 조선을 도와서 구원해 준 명나라의 '재조지은再造之恩'을 바탕으로 대명 의리를 외교 방침으로 정했다. 인조는 1627년 7월 2일에 관왕묘에 머물던 명나라 사람들에게 식량과 반찬을 주고, 또 술과 고기와 옷감을 주도록 하였다.

인조 14년(1636) 4월, 후금의 태종은 스스로 황제로 칭하면서 국호를 청으로 고쳤다. 조선이 명에 대한 의리를 강조하며 청에 대항하자, 그는 그해 10만 대군을 거느리고 조선에 쳐들어 왔다. 이듬해 인조는 삼전도에서 청 태종에게 치욕스런 항복을 하였다. 이로써 조선은 명과의 외교 관계를 단절하고 청에 복속하게 되었다. 그러나 청나라도 명나라처럼 관우를 숭상하고 있었기 때문에 조선의 관우신앙에는 별다른 큰 변화가 없었다.

---

24) 한명기, 앞의 책, 184쪽.

관우와 숙종

숙종은 17년(1691)년 2월 26일 송나라 태조가 태공망 무성왕의 사당에 들러 전알展謁한 고사를 들어 '무안왕'관우의 사당에 참배를 하고자 하였다. 좌의정 목내선睦來善은 주나라 무왕이 상용商容의 여문閭門에서 올린 예식을 본떠서 거행해야 한다고 주장하고, 좌의정 민암閔黯은 손을 들어 읍례를 행하는 것이 옳다고 주장하였다. 숙종이 민암의 의견을 따라 행하면서 다음과 같이 말했다.

> 무안왕武安王의 만고萬古의 충의忠義는 평소에 아름답게 여겨 감탄하는 바이다. 이미 그 문을 지나니 새롭게 느낌이 일어나는데, 들어가 본들 무엇이 해롭겠는가[25]

숙종은 다음날 비망기備忘記를 내리면서 "아! 무안왕武安王의 충의忠義는 참으로 천고千古에 드문 것이다. 이제 한번 들러서 유상遺像을 본 것은 참으로 세상에 드물게 서로 느끼는 뜻에서 나왔고, 또한 무사武士를 격려하기 위한 것이니, 본디 한때의 유관遊觀을 쾌하게 하려는 뜻이 아니었다. 아아, 너희 장사壯士들은 모름지기 이 뜻을 본받아 충의를 더욱 면려勉勵하여 왕실王室을 지키도록 하라. 이것이 바라는 것이다."[26]라

25)『숙종실록』숙종 17년 2월 26일조.
26)『숙종실록』숙종 17년 2월 27일조.

고 하여, 관왕묘에 참배를 하는 것은 무사들이 관우의 충의 정신을 본받아 왕실을 수호하게 하는 데 그 목적이 있음을 분명히 하고 있다.

숙종이 관우숭배에 적극적인 관심을 보인 것은 '기사환국己 巳煥局'과 매우 밀접한 연관성이 있을 것으로 추측된다. 숙종 15년(1689)에 숙원 장씨가 원자 윤을 낳자, 숙종은 원자 윤을 세자로 책봉하고 장씨를 희빈으로 삼고자 하였다. 그러나 당시 집권 세력이었던 서인은 적자로서 왕위를 계승하는 것이 옳다고 하여 원자 윤의 세자 책봉을 반대하였다. 남인들은 숙종의 주장을 지지하여 서인들을 몰아내고 권력을 장악하는 참변을 일으킨다. 서인의 영수인 송시열을 삭탈관직削奪官職하여 제주도로 유배를 보내고 뒤에 사약을 내린다. 숙종은 이런 '기사환국'을 겪으면서 관왕묘의 참배를 통해 무사들의 충성심을 끌어냄으로써 왕실과 정권의 기반을 다지고자 했던 것이다.[27]

숙종은 18년(1692) 9월 15일에 '무안왕' 관우를 기리는 두 수의 시를 지어 각기 동관왕묘와 남관왕묘에 걸어 두게 하였는데, 수정후 관우의 절개와 충성에 경의를 표하며 그가 조선을 보살펴 주기를 염원하였다.

---

27) 김탁, 『한국의 관제신앙』(서울: 선학사, 2004), 62쪽.

평소에 내가 수정공을 사모함은
절의와 정충이 만고에 높아서이네.
광복에 마음 쓰다 몸이 먼저 갔기에
천추토록 열사들 가슴에 눈물 그득하네.

동쪽 교외에 일 있어 고묘 지나다가
둘러보니 맑은 유상 숙연했도다.
이번은 공경하는 마음 더욱 간절해지며
우리 동방 만세토록 편케 해주기 소원이로다.[28]

  숙종 29년(1703) 6월 18일조에 숙종은 관왕묘에 참배를 한
다. 숙종은 관우의 충의의 기상에 깊은 감동을 받았기 때문에
관왕묘에 참배하였다고 한다.

  관무안왕關武安王은 정충대의精忠大義가 해와 별처럼 밝
아서 명明 나라의 태조황제太祖皇帝가 처음으로 수정후
壽亭侯의 묘廟를 창건하여 천하의 도읍都邑에 모두 사당
祠堂을 세웠으니, 숭배하여 받드는 뜻을 대개 생각할 수
있다. 우리나라에서는 숭례문崇禮門 밖에 있는 묘廟는 바
로 임진년에 유격장遊擊將 진린陳璘이 세운 바이다. 그때
우리나라에서 재력財力을 내어 도왔는데, 묘廟가 완성되

28) 『숙종실록』 숙종 18년 9월 15일조.

자 선조宣祖께서도 일찍이 친히 거둥하셨고, 나는 지나
간 해 능陵에 참배할 때에 동묘東廟를 지나 들어갔는데,
대개 충의忠義의 기상은 사람으로 하여금 천년 후에까
지 감개感慨하게 하였다. 선조께서 거둥하신 것과 내가
두루 본 것은 모두 돌아다니며 구경하는 뜻에서 나온
것이 아니다.[29]

관우와 영조

영조도 숙종처럼 관왕묘 제사에 적극적인 관심을 표명한
다. 영조는 원년(1725) 3월 24일에 남관왕묘를 지나다가 다
음과 같이 말하였다.

내가 지난해에 동교東郊의 무안왕묘武安王廟를 두루 보
았는데 이제 또 남묘南廟가 길에 마주 보이니, 관원을 보
내어 치제致祭하여 내가 충의忠義를 흠모欽慕하는 뜻을
표하도록 하라. 그리고 선무사宣武祠에도 별도로 치제致
祭하여 내가 성조聖朝의 존주대의尊周大義를 우러러 본받
음을 보이도록 하라.[30]

영조 3년(1727)년 2월 2일에 영조는 군대를 사열하고 돌아

---

29) 『숙종실록』 숙종 29년 6월 18일조.
30) 『영조실록』 영조 원년 2월 26일조.

오는 길에 관왕묘에 들렀다. 예조판서 신사철申思哲이 영조에게 선조는 관왕묘에 행차하여 재배를 올렸고 숙종은 읍례만 올렸다고 아뢰자, 영조는 관왕묘에 재배를 하였다.[31] 영조 20년(1744)에 편찬된『국조속오례의國朝續五禮儀』에서는 관우에 대한 국가의 제사를 길례吉禮의 '소사小祀'로 정하였다.[32] 이는 중국에 의해 반강압적으로 이루어지던 관우신앙이 왕실 보호와 왕권 강화에 도움이 된다는 판단 아래 국가 제사로 전환되었음을 뜻한다.

영조는 22년(1746)에 '현령소덕왕묘顯靈昭德王廟'라는 친필 현판을 동묘와 남묘에 내렸다.

임금이 '현령소덕왕묘顯靈昭德王廟' 여섯 글자를 친히 써서 동관왕묘 남관왕묘 두 묘廟에 걸었으니, 이는 임진왜란 때 관왕關王이 현신한 뒤에 건립한 것이고, 명나라에서 또 사액賜額하였으므로, 임금이 그 공을 생각하였기 때문에 이러한 명을 내린 것이다.[33]

---

31)『영조실록』영조 3년 3월 24일조.
32) 장장식,「서울의 관왕묘 건치와 관우신앙의 양상」(『민속학 연구』제14호, 국립 민속 박물관, 2004), 408쪽.
33)『영조실록』영조 22년 8월 22일조.『영조실록』의 기록과는 달리,『해동성적지·예문고』에는 '현령소덕무안왕묘顯靈昭德武安王廟'로 되어 있다. 장장식, 앞의 글, 408쪽을 참조 바람.

관우와 정조

정조는 9년(1785) 11월 15일에 숙종과 영조와 사도세자와 자신까지를 포함한 네 임금이 지은 묘비를 동묘와 남묘에 각기 나누어 건립하였다. 선조와 숙종의 어제를 한 비에 합하여 새기고, 영조와 정조의 묘비를 한 비에 합하여 새겼다.

사조어제四朝御製의 무안왕묘비武安王墓碑를 세웠다. 하교하기를, "동묘와 남묘에 장차 두 개의 비를 각각 세우려 한다. 숙종조肅宗朝의 어제御製 및 선조先朝의 어제를 한 비에 합하여 새기고, 경모궁景慕宮의 예제睿製 및 내가 지은 것을 한 비에 합하여 새겼다. 대체로 숙종조의 어제는 곧 도상명圖像銘으로서 어필족자御筆簇子를 동묘에 봉안奉安하였다. 그러므로 받들어 가져다가 모각模刻하였고, 선조先朝의 어제묘기御製廟記는 어필을 집자集字하였으며, 경묘궁의 예제는 숙종조의 도상명운圖像銘韻을 차운次韻한 것으로서 역시 예필을 집자한 것이고, 소자小子는 원운原韻을 삼가 차운次韻하여 묘비명墓碑銘을 지은 것으로서 모두 규장각奎章閣으로 하여금 모사摸寫하여 올리게 하였다"[34]

34)『정조실록』정조 9년 11월 15일조.

정조에 와서 관우에 대한 제사는 '소사'에서 '중사中祀'로 격상된다.[35] 정조를 이어 순조, 헌종, 철종 등은 모두 교외로 나갈 때는 관왕묘에 들러 의례를 행하였다.[36]

관우와 고종

조선에서 관우신앙에 가장 깊은 관심을 보인 왕은 고종이었다. 고종은 즉위 초부터 관례에 따라 관왕묘에 자주 행차하였고, 동묘와 남묘의 현판을 직접 쓰기도 했으며, 관우의 충의를 기리는 글들을 관왕묘의 각 기둥에 세우도록 지시하기도 한다. 고종은 이전의 왕들과 달리 관우와 관련된 경전 번역 사업과 관왕묘의 국가 제사 편입에 적극적인 관심을 보인다.[37] 고종 20년(1883) 9월 25일에 북묘가 만들어졌는데, 고종은 "새로 세우는 북관왕묘北關王廟가 이미 준공되었으니 제식祭式과 절차는 동남묘東南廟의 규례대로 하라."[38]고 하였다.

고종 33년(1896)년 8월 14일에 기존의 국가 제례를 변경하였다. 임진왜란 때 구원병을 보내 도와준 명나라의 큰 은혜에 보답한다는 의미로 세운 대보단大報壇의 제사를 '대사大祀'로 정하고, 관왕묘 제사를 '중사中祀'로 결정하였다. 정조 때

---

35) 장장식, 앞의 글, 408쪽.
36) 이상곤, 앞의 책, 218~219쪽.
37) 이유나, 「조선 후기 관우신앙 연구」(『동학 연구』제20호, 한국동학학회, 2006), 11쪽.
38) 『고종실록』 고종 20년 9월 25일조.

에 '중사'로 승격된 관왕묘 제사가 이때에 이르러 비로소 명문화되는 것이다. 대보단과 관왕묘에 대한 제사는 '숭명반청'의 의미를 지닌 것으로 청나라에 대한 조선의 주체성을 견지하는 징표이다. 특히 대보단은 단순히 명을 추종한다는 의미를 넘어서 조선이 멸망한 명나라의 문화 전통을 계승하고 있는 동아시아의 유일한 문명국가라는 자부심을 강하게 드러내는 조선 중화주의의 상징이다. 따라서 대보단과 관왕묘에 대한 제사의 개편은 대한제국의 독립적 성격을 역설적으로 뚜렷이 드러내는 것이라고 하겠다.[39] 고종 34년(1897)년에 고종은 마침내 조선의 국호를 대한제국으로 바꾸고, 중국의 연호를 버리고 광무光武라는 독자적인 새 연호를 사용하면서 황제로 즉위하였다. 이는 조선의 임금이 곧 천자로, 조선은 천자국임을 대내외에 선포한 것이다.

고종은 38년(1901) 8월 25에 관우의 봉호를 왕에서 황제로 승격시킬 수 있는 방안을 강구하라고 신하들에게 일렀다.

관왕묘關王廟를 높이 모시고 공경스럽게 제사지낸 지가 지금 300여 년이 되었다. 순수하고 충성스러우며 지조 있고 의로운 영혼은 천년토록 늠름하여 없어지지 않고, 중정中正하며 군세고 큰 기백은 천하에 차고 넘쳐 오가면

39) 이유나, 앞의 글, 14쪽.

서 말없이 짐의 나라를 도와 여러 번 신령스러운 위엄을
드러냈으니, 경모하고 우러르는 성의를 한껏 표시해야
할 것이다. 더구나 역대로 행해 온 예법禮法이 있음에랴.
황제로 칭호를 높이는 제반 의식 절차를 장례원掌禮院으
로 하여금 널리 상고하고 택일하여 거행하게 하라.[40]

의정부의정議政府議政 윤용선尹容善이 고종의 조칙을 받들어
관왕을 황제로 높이는 칭호를 여러 대신들과 함께 논의하였
다. 고종은 마침내 윤용선의 건의대로 39년(1902) 1월 27일
에 관왕을 황제로 높여 '현령소덕의열무안관제顯靈昭德義烈武
安關帝'로 봉호를 바꾸었다.[41] 관왕이 관제로 높여지면서, 관
왕묘도 자연스럽게 관제묘로 승격되었다.

고종 39년(1902)년에 궁내부 특진관特進官 조병식趙秉植
이 중국 삼국시대의 촉한의 초대 황제였던 유비에 대한 제사
를 중심으로 관우와 장비의 제사를 합치하자는 상소를 올렸
다.[42] 그 뒤에 고종의 계비였던 순헌황귀비가 서묘西廟를 건립

---

40) 『고종실록』 고종 38년 8월 25일조.
41) 『고종실록』 고종 39년 1월 27일조.
42) 『고종실록』 고종 39년(1902) 10월 4일조: "궁내부 특진관特進官 조병식趙秉
栻이 상소를 올린 대략에, '……우리나라에는 일찍이 동묘東廟와 남묘南廟에서
떠받들었는데, 폐하께서는 다시 북묘北廟를 세우고 황제의 칭호를 존숭하였으며
제사 등의 절차까지도 모두 할 수 있는 만큼 다 하였습니다. 그런데 유독 함께 맹
약을 다진 한 나라 소열황제와 장환후張桓侯에 대해서는 아직 신령을 모시는 곳
이 없으니 이야말로 훌륭한 시대의 흠이 됩니다. 특별히 삼의사를 세워 한 나라

한다. 이는 고종이 관제묘의 제사에 대해 올린 궁내부 특진관 特進官 조병식趙秉植의 상소를 받아들인 결과이다.[43]

고종의 관우신앙은 대내외적 국가 위기와 밀접한 관련이 있다. 고종에 이르러 관우신앙이 더욱 강화된 것은 일제를 비롯한 외세의 침탈로부터 국가를 수호하고 왕실을 보호하려는 것과 밀접한 연관성이 있을 것으로 판단된다. 그런데 고종 때의 관우신앙은 이전 조선 국왕들의 관우신앙과는 약간의 차이가 있다. 고종 이전까지는 외척과 조정의 실권을 쥔 신하들의 반역과 공격으로부터 자신을 지킬 충의의 방패가 필요했던 것이라면, 고종 때는 미국, 러시아, 영국, 네델란드 등의 밀려오는 서구 열강의 각축과 일제의 침탈로부터 조정과 백성을 지켜줄 방패가 필요하였다. 고종 이전까지는 왕실의 안정을 위한 것이었다면, 고종 때는 국가의 안녕을 위한 것이었다.

이런 점에서 비록 고종이 조선이란 국호를 대신하여 중국의 속박에서 벗어난 자주 독립 국가 대한제국을 선포하였지만, 고종은 관우를 충의의 대표적인 인물로 계속하여 받들었다. 이것은 관우를 두고 "말없이 짐의 나라를 도와 여러 번 신령스러운 위엄을 드러냈다"면서 경모하는 마음을 표한 고종 38년 8월 25일조의 기록에서 확인할 수 있다.

소열황제에게 주향主享하고 관제關帝와 장환후를 배향配享함으로써 청淸나라에서 이미 시행하는 규례를 본받는 것이 의리를 내세우는 일단으로 될 듯합니다. 의정부議政府와 장례원掌禮院으로 하여금 품처稟處하게 해 주소서."
43) 김탁, 앞의 책, 86쪽.

그러나 순종 융희 2년(1908) 7월에 순종의 칙령에 의해 관왕묘 제사가 공식적으로 철폐된다. 그 이유는 일제가 임진왜란에 전사한 명나라 장수를 관제묘에 배향하는 것은 '사대주의事大主義'라는 핑계를 대어 대한제국과 청과의 관계를 단절시키려고 조선 왕실에 압력을 넣었기 때문이다.

3.3 민간의 관우신앙

임진왜란 이전까지만 해도 조선에서 그다지 주목을 받지 못하던 『삼국연의』가 임진왜란을 계기로 17세기 민간에서 장안의 화제가 된다. 『삼국연의』는 정사인 진수의 『삼국지』를 바탕으로 삼국의 분열과 통일에 이르는 과정을 원말 명초의 극작가 나관중이 소설화한 것이다.

『삼국연의』가 우리나라에 언제 들어왔는지 정확하게 알 수는 없다. 오늘날 많은 사람들은 『삼국연의』의 전래시기를 선조 2년일 것으로 추정한다. 왜냐하면 『삼국연의』에 대한 최초의 기록이 『선조실록』 선조 2년(1569) 6월 20일조에 나오기 때문이다.

기대승이 나아가 아뢰기를, "지난번 장필무張弼武를 인

견하실 때 전교하시기를 '장비張飛의 고함에 만군萬軍이 달아났다고 한 말은 정사正史에는 보이지 아니하는데 《삼국지연의三國志演義》에 있다고 들었다.' 하였습니다. 이 책이 나온 지가 오래 되지 아니하여 소신은 아직 보지 못하였으나, 간혹 친구들에게 들으니 허망하고 터무니없는 말이 매우 많았다고 하였습니다."[44]

『삼국연의』가 나온 지 오래 되지 않았다고 하는 기대승의 말로 미루어 볼 때, 『삼국연의』는 선조 직전이나 선조 초기에 중국에서 유입되어 민간에 유포되었을 것으로 추정된다. 또한 작자 미상의 소설책으로 임진왜란 이후에 지어졌을 것으로 보이는 『임진록』도 『삼국연의』와 마찬가지로 관우에 대한 민간신앙을 펼치는데 일정한 영향을 미쳤다. 조선 강토를 초토화시킨 임진왜란이 끝난 뒤에 나온 『임진록』에는 외적으로부터 민족과 강토를 수호하려는 애국심을 고취함과 동시에 고질화된 당파싸움으로 국론을 분열시켜 왜침을 자초한 것에 대한 뼈아픈 참회와 반성이 들어 있다. 이 『임진록』에는 관운장이 임진왜란이 일어났을 때 중국 황제의 꿈에 나타나 조선 파병을 요청하는 등 9편의 현몽담現夢談이 기술되어 있다.[45]

선조와 민간의 관우신앙

그렇다면 조선에서 민간의 관우신앙은 구체적으로 어떻게 전개되었는가? 류성용은 『서애집Ⅱ』권 16 「잡저」에서 선조 3년(1603) 계묘년 봄에 일어난 기이한 사건들을 다음과 같이 기록하고 있다.

계묘년 봄에 한강의 노량진에 큰 바위가 물 가운데로부터 불쑥 일어나서 강 언덕의 다른 돌보다 위로 솟았다. 또한 황해도 풍천 바다 가운데 물 아래로 잠겨 있던 바위가 하루는 옮겨가 다른 돌 위에 서 있었다. 그리고 강원도 양양의 낙산사 아래에 바위 두 개가 바다 가운데로부터 나와서 언덕에 있는 돌 위에 앉아 있었다. 또한 경상도 경주 자인현慈仁縣에서는 돌이 일어나 수십 보를 걸어간 일이 있었다. 이때 뭇사람들이 다보니, 구비를 치며 갔다 왔다 하는 것이 마치 사람 모습과 같았다고 하니, 매우 괴이하여 무슨 변이 일어날지 알 수가 없었다. 다음에 함경도 바닷물은 붉고 탁하며 끈끈하고 달라붙어 배가 다니기 불편할뿐더러 물을 달여서 소금을 만들어도 비린내가 나서 먹을 수가 없었다. 북으로부터 동쪽으로 강원도 통천通川·양양까지 걸쳐 약 7개월간이나 계속하다가 그쳤다. 그리고 경성의 서강西江 사람들이 하룻밤에는 서로 놀라며 산골로 피난하는 일들이 많 았는데, 어떤 사람들은 동서로 뿔뿔이 흩어져 강을 건너 간 자도 있었다. 그 이유를 물었더니, 밤중에 병마들이 서로 싸우는 소리가 경성으로부터 났는데 들은 자들이 전하여 서로 변이 있을까 의심하여 이렇게 된 것이라 했 다. 그 뒤에 사람들은 남쪽에 있는 관왕묘의 신령이 한 짓이 아닐까 하고 의심하였다. 인심이 안정되지 못한 것 이 대개 이런 유다.[46)]

계묘년은 임진왜란이 끝난 지 몇 년 되지 않은 때이다. 전쟁 직후 민심이 어지러운 상황에서, 조선의 일반 백성들은 온갖 기괴한 사건을 일으키는 주범으로 관운장 신령을 지목하고 있다.

현종 때의 민간의 관우신앙

『현종실록』에도 현종 12년(1671) 10월 17일 남관왕묘에 이변異變이 발생했다는 소식을 전하고 있다. "남관왕묘關王廟 의 소상塑像에 물기가 젖어 흘러내린 자국이 있었다. 서울 백 성이, 피눈물이 흘러내렸다고 앞 다투어 전하였다."[47)]가 바로 그것이다. 많은 사람들이 남관왕묘의 관우상에서 물기가 흐

---

46) 류성용, 『서애집II』 권 16 「잡저」.
47) 『현종 실록』 현종 12년 10월 17일조.

른 자국을 보고서 관우상이 피눈물을 흘렸다고 전한 것이다. 이는 명나라 장수들이 관우가 영험함과 기이함을 지닌 신적 존재라고 아무리 떠들어도 별다른 반응을 보이지 않던 이전 의 상황하고는 사뭇 다르다. 이는 명나라 군대가 조선에서 철 수하고 세월이 흐르면서 조선 사람들에게도 관왕묘의 관성제 군이 신이한 능력을 지닌 숭배의 대상으로 변모되어 가고 있 는 추세를 반영하는 것이라고 하겠다.[48]

영조 때의 민간의 관우신앙

정조 23년(1799)에 규장각에서 정조의 시문과 교지 등을 묶어서 편찬한 책인 『홍재전서弘齋全書』 172권에 "영성군靈城 郡 박문수朴文秀는 참으로 가슴속에 열혈熱血 가득한 사람이 다. 을묘년(1735. 영조 11) 이전에 날마다 관왕묘關王廟를 배 알하고 나라의 복을 빌었으니, 이런 성의를 지닌 사람을 오늘 날 세상에서 어찌 쉽게 얻겠는가?"[49] 라고 한다. 이에 따르면, 관우신앙이 영조 초기에 이미 백성들 사이에 보편화되고 있 음을 알 수 있다. 그런데 18세기 전반 영조 때에 활약한 성호 이익(1681~1763)은 『성호사설』 제9권 「관왕묘」에서 중국의 관우신앙과 조선의 관우신앙에 대하여 비판적 입장을 취하고 있다. 중국의 관우신앙에 대해서는 명태조가 번양의 싸움에

48) 한명기, 앞의 책, 87쪽.
49) 『홍재전서』 172권.

서 관왕의 도움을 받아 승리한 일, 축윤명의『관공묘기』와 왕세정과 주종원의 관왕에 대한 서술을 소개하면서 중국인들의 지나친 관우신앙을 비판한다. 조선의 민간의 관우신앙에 대해서 선조 때의 류성용의『서애집』과 허균의「현령비」에 나타난 관왕묘에 대한 이야기를 소개하면서 관제신앙의 허무맹랑함을 다음과 같이 비판하였다.

전에 들으니, 귀신 병이 든 자가 있어 두 귀신이 번갈아 보이는데, 한 귀신이 죽이려 들면 한 귀신은 문득 구해 주곤 하지만 기실은 둘이 다 작해하는 것이요 구하는 것은 그 진실이 아니라 한다. 관우의 마귀 몰아내는 것도 어찌 이와 다르랴. 사람이 일단 신복하여 정신이 서로 감응하게 되면, 종종 나타나는 괴이가 관우의 상像이 아닌 것이 없으리니 황홀한 신간神姦을 뉘라서 구별하리요.[50]

이익은 그 당시 민간의 관제신앙이 이미 무속신앙으로 변질이 되어 비합리적이고 비이성적인 측면으로 경도되었음을 꼬집고 있다.[51]

영조 37년(1761) 12월 13일, 조정에서는 마침내 동묘와 남

---

50)『성호사설』제9권「관왕묘」.
51) 장장식, 앞의 글, 412쪽.

묘에서 벌어지는 민간인의 자의적인 제사 행위를 음사淫祀로 규정하고 금지하는 조처를 단행하기에 이른다.

> 임금이 근래에 동관왕묘東關王廟와 남관왕묘南關王廟가
> 문득 음사淫祀를 이루고 있으므로 특별히 신칙하여 금
> 단禁斷할 것을 명하였다.[52]

정조 때의 민간의 관우신앙

정조 때의 연암 박지원(1737~1805)이 지은 『연암집』 「영처고서」에는 18세기 후반기 민간의 관제신앙을 엿볼 수 있는 소중한 자료가 있다.

> 우사단雩祀壇 아래 도저동桃渚洞에 푸른 기와로 이은 사
> 당이 있고, 그 안에 얼굴이 붉고 수염을 길게 드리운 이
> 가 모셔져 있으니 영락없는 관운장關雲長이다. 학질瘧疾
> 을 앓는 남녀들을 그 좌상座牀 밑에 들여보내면 정신이
> 놀라고 넋이 나가 추위에 떠는 증세가 달아나고 만다.
> 하지만 어린 아이들은 아무런 무서움도 없이 그 위엄스
> 러운 소상塑像에게 무례한 짓을 하는데, 그 눈동자를 후
> 벼도 눈을 깜짝이지 않고 코를 쑤셔도 재채기를 하지
> 않는다. 그저 덩그러니 앉아 있는 소상에 불과한 것이

52) 『영조실록』 영조 37년 12월 13일조.

다. 이를 통해 보건대, 수박을 겉만 핥고 후추를 통째로 삼키는 자와는 더불어 그 맛을 말할 수가 없으며, 이웃 사람의 초피貂皮 갓옷을 부러워하여 한여름에 빌려 입는 자와는 더불어 계절을 말할 수 없듯이, 관운장의 가상假像에다 아무리 옷을 입히고 관을 씌워 놓아도 진솔眞率한 어린아이를 속일 수는 없는 것이다.[53]

연암 박지원에 따르면, 민간의 백성들은 관왕묘에서 관성제군의 영험한 조화력의 도움을 받아 학질 등의 질병을 치료한다는 것이다. 백성들은 관우를 치병신으로 모시고 있다. 그러나 천진난만한 어린아이들이 관우상에다 아무리 짓궂은 장난을 쳐도 관우가 신령함을 발현하지 못하는 것으로 미루어 볼 때 관우상은 허상에 불과하다고 해학조로 비판한다. 여하튼 우리는 박지원의 관제신앙에 대한 설명을 통해, 조선 중후기 백성들 사이에 널리 퍼진 관우신앙을 확인할 수 있다.

순조 때의 민간의 관우신앙

순조 때에 태어난 금원錦園 김운초金雲楚(1817~?)는 1850년에 지은 『호동서락기湖東西洛記』에서 한양 유람의 일환으로 남관왕묘를 참배한 기록을 남겼다. 그녀는 남관왕묘에 있던 관우상에 대해 세밀하게 묘사하고 있다. 이는 마치 『삼국연

---

53) 박지원, 『연암집』 제7권 별집 「영고처서」.

의』를 그대로 재현한 듯한 착각을 불러일으킬 정도이다. 김운초는 관우의 용모를 얼굴은 무거운 대추와 같고, 입술은 연지를 바른 듯하며, 누에 눈썹에 붉은 봉황의 눈을 가졌다고 형상화하여 표현한다. 김운초의 관운장에 대한 치밀한 묘사는 『삼국연의』를 통해 전해진 관우설화가 19세기 전반기에 민간에까지 널리 확산되고 있음을 보여주는 것이다. 더욱이 김운초는 민간의 백성들이 관운장의 영험한 힘을 빌어서 해묵은 병을 치료하려고 관왕묘를 찾아가 정성스럽고 경건하게 참배한 사실을 기술하고 있다.[54]

고종 때의 민간의 관우신앙

우리는 고종 22년(1885) 8월에 공조참판 이응진이 올린 상소문에서도 당시 민간의 관우신앙의 정도를 짐작할 수 있다.

신이 보니, 동리洞里 안에 아주 잘 지은 집이 있었는데 사람이 사는 집 같지 않았습니다. 들건대, 신사神祠로서 백성들이 문미門楣에 이따금 '복마성제伏魔聖帝'라는 글을 써서 걸어 놓는다고 하니, 이것은 모두 이전에 보지 못한 일입니다. 우리나라는 관왕關王을 숭상하고 받들어서 이미 동관왕묘東關王廟와 남관왕묘南關王廟가 있는

<hr>

54) 이혜순, 『조선조 후기 여성 지성사』(서울: 이화여자대학출판부, 2007), 304~311쪽.

데다가 또 북관왕묘北關王廟를 새로 세우고 의식 제도도 존엄하기 때문에 도성의 남녀들이 빌거나 푸닥거리할 곳이 없다는 근심이 없는데, 만약에 무당을 위해서 집을 짓고 어지럽힌다면 매우 불경不敬한 것입니다.[55]

무속인들도 관우를 주신으로 모시고 관우의 신령함에 기대어 점을 칠만큼 관우숭배는 조선 사회 깊숙이 뿌리내리게 된 것이다.

연암 박지원의 손자이자 실학자인 박규수(1807~1876)는 『관성제군성적도지전집』의 서문에서 약관의 나이부터 관우를 존경하다가 몽매지간에 관우를 만나 많은 가르침을 받았다고 하여 열렬한 관우 신봉자였음을 밝히고 있다.[56] 또한 1890년에 저술된 『한경지략』에는 "도성 안 선비집 부인들이 기도하면 영험이 나타나 향화香火의 공양이 사철 끊이지 않는다."고 지적할 정도이니, 19세기 중후반 민간의 관우신앙이 어느 정도 널리 성행하였는지를 잘 알 수 있다.[57]

관우신앙은 20세기 초반까지도 대중적인 호응을 얻고 있었다. 정월 초에 관왕묘 앞에서 한해의 신수를 점치려는 사람들이 구름처럼 몰려들었다고 한다. 그러나 일제가 동묘에서 일

55) 『고종실록』 고종 22년 8월 26일조.
56) 김일권, 「한말시기도교적인 종교정체성과 삼교통합주의 흐름: 관왕신앙의 성장과 선음즐교를 중심으로」(『종교연구』제32집, 한국종교학회, 2003), 204쪽.
57) 장장식, 앞의 글, 412쪽.

체의 종교 활동을 하지 못하도록 금지시키면서 관우신앙의
열기도 차츰 식어갔다.

3.4 한국의 신종교와 관우신앙

대한제국의 국운이 기울면서 관우신앙도 급격히 약화되었
다. 특히 대보단 등 국가 제사가 폐지되면서 관우에 대한 의
례도 함께 금지되었다. 그러나 많은 우여곡절을 겪으면서도
관우신앙은 다양한 형태로 그 명맥을 유지하게 된다.

조선 말기의 관우신앙단체, 선음즐교

이능화는 『조선도교사』에서 한국에서 관우신앙은 도교도
아니고 불교도 아니며 유교도 아닌 특성을 지닌 것으로 관제
신앙단체인 최성환의 '선음즐교善陰騭敎'가 되었다고 한다. 또
한 그는 관우가 한국에서 재물신으로 숭배되었다는 사실을
이렇게 말한다.

중국이 송宋나라 이래 삼제군三帝君을 신봉하여 재상災
祥과 화복禍福을 모두 기도하니 그중에서도 가장 신봉하
는 것은 관우關羽의 신으로서 제帝라고 추존하니 천존天

尊이라고도 하여 백성의 신앙대상이 되었는데, 불교도 아니요 도교도 아니요 유교도 아닌 선음즐교善陰騭敎가 된 것이다. 우리 조선 사람도 관성제關聖帝를 신봉하여 재신財神을 삼고 그 소상塑像을 서울 종로에 있는 보신각普信閣 옆에 모시고 시가를 진압하여 안정시켰다. 또 매년 10월[조선에서는 예로부터 시월을 상달이라 하여 신에게 제사하였는데 이는 삼한 이래의 습속이다]이 되면 시정 상가商街에서 남묘南廟(선조 때 지은 관제묘)에 고사하여 재운財運을 빌었으니 이 풍속은 중국에서 전래한 것이다.[58]

'선음즐교'는 동진시대 중국 여산廬山의 백련사 모임을 모방하여 고종 9년(1872)에 염불단체인 묘련사를 기반으로 태동되었는데, 염불을 통해 신과의 합일 상태에 이르러 신의 계시를 받아 적어 교리를 체계화하였다.[59] 그 중심인물은 최성환, 정극경, 유성종 등이다.

법련사法蓮寺 법려法侶 최성환崔城煥, 정극경丁克慶, 유성종劉聖鍾 등 백여인 모여 제중감로濟衆甘露를 편집하고

58) 이능화 지음, 이종은 역주, 『조선도교사』(서울: 보성문화사, 1977), 314쪽.
59) 김윤경, 「조선 후기 민간도교의 발현과 전개-조선후기 관제신앙, 선음즐교, 무상단」(『한국철학논집』제35집, 한국철학사연구, 2011), 317쪽.

또 금강경탑金剛經塔을 모방하여 지장본원경탑地藏本願經
塔과 문수반야경탑文殊般若經塔을 만드니 극히 교묘하였
다. 지금 사본寫本이 내려오는 것이 있다. 또 어디서 얻
은 관우성적도지關羽聖蹟圖誌-청나라에서 얻어 온 것이
마침내 삼제군三帝君을 받드는 것이다.[關聖帝君, 文昌帝
君(梓潼帝君), 孚佑帝君(呂純陽)] 이를 받드는 선음즐문善
陰騭문이 유포流布되고 있는데 즉 중향집衆香集, 남궁계
적南宮桂籍, 계궁지桂宮志, 각세진경覺世眞經, 명성경明聖經,
삼성보전三聖寶典, 과화존신過化尊神 등의 책이 있다."[60]

'선음즐교'에서 '음즐'은 『서・주서・홍범』의 "아아, 기자
여! 하늘이 남모르게 백성을 돕고 서로 협력하며 살게 하지
만, 나는 그 항상된 질서가 펼쳐지는 바를 알지 못한다."[61]에
나오는 말로서, "유천음즐하민惟天陰騭下民"의 줄임말이다. 이
는 하늘이 인간의 행위를 보고 화복禍福과 수요壽夭를 은밀히
정한다는 뜻에서 취한 것이다. 인간이 하늘의 뜻에 따라 행동
하면 하늘이 인간의 음덕을 살펴서 반드시 보답을 한다는 말
이다. 불교의 인과응보 사상이나 유교의 권선징악 사상과 같
은 맥락이다.[62]

---

60) 이능화 지음, 이종은 역주, 앞의 책, 306-307쪽.
61) 李民外,『尙書譯注』(上海: 上海古籍出版社, 2000), 217쪽. "嗚呼, 箕子! 惟天陰
騭下民, 相協厥居, 我不知其彝倫所敍."
62) 김일권, 앞의 글, 195쪽.

선음즐교는 삼제군(관성제군, 문창제군, 부우제군)을 믿는다. 관성제군은 중국에서부터 이미 삼교 통합적 성격을 지닌 신격이었다. 성균관 대사성을 역임한 김창희(1844~1890)가 "관제는 곧 유종이며 석존과 도록에서도 서로 다투어 칭술한 일이 많았다."고 한 말에서도 확인할 수 있다.[63] 문창제군은 문文을 관장하는 신이며, 부우제군은 당나라 때의 선인이었던 여동빈을 말한다. 이능화가 이미 지적한 것처럼, 선음즐교는 삼교 통합적 성격을 지닌 것이다. 선음즐교에서 삼제군 가운데서도 관성제군이 중심 신격이 된 것은 임진왜란 이래 조정과 민간에서 관우를 극진히 떠받들었던 역사적 현상으로 볼 때 자연스러운 결과이지만, 정조와 현종과 철종 대에 관성제군을 둘러싼 여러 도교 경전들이 간행되고, 고종의 왕명으로 1880년에 삼제군에 관련된 『삼성훈경三聖訓經』과 『과화존신過化尊神』이 출판된 것과도 밀접한 연관성이 있을 것이다.[64]

삼제군과 난단 도교

한국 신종교에서 신앙의 중심은 삼제군이다. 김윤수는 고종 말에 관왕묘 도사들이 강필로 신의 말을 전하는 '난단 도교'가 성립되었는데, 난단 도교가 처음으로 삼제군을 신앙하기 시작하고, 난서와 선서를 널리 보급하고 전파하였다고 본

63) 김일권, 앞의 글, 204쪽.
64) 김일권, 앞의 글, 204쪽.

다. 난단鸞壇 이란 모래 쟁반 위에 정丁자 모양의 나무를 매달고 두 사람이 붙잡아 신이 강림하는 대로 자연스럽게 진동에 의해 글씨를 쓰는 일종의 신과 교신하는 성스러운 장소를 말한다. 난단의 나무 손잡이에 전설 속의 새인 난새를 새겼기 때문에 난단鸞壇 또는 계단乩壇이라고 한다. '무상단無相檀'은 본래 삼제군이 내려온 뒤에 설치한 단을 말한다.[65] 관제묘는 조선 전기 국립 도교 기관이었던 소격서가 폐지된 뒤 국립 도교 기관격의 역할을 해온 조선 후기 유일한 도관이라 할 수 있다고 김윤수는 주장한다.[66]

1920년에 새로운 관우신앙 단체가 발족되었다. 박기홍과 김용식 등이 서울 숭인동과 연건동을 중심으로 일반 민중과 당시 관제를 숭배하던 숭신 단체와 무당들을 포교하여 조직한 관성교이다. 이 외에 금강대도, 무량천도, 미륵대도 등에서도 관성제군을 모시고 있다. 특히 미륵대도는 관우신앙을 미륵신앙과 결부하고 있다는 점에서 매우 흥미롭다.[67]

한국의 관우신앙의 특성

한국에서 관우신앙은 네 단계의 전개 과정을 거친다. 첫째, 외세(明)의 강제적 억압에 의한 관우신앙의 수용 단계이다.

---

65) 김윤수, 앞의 글, 62쪽.
66) 김윤수, 앞의 글, 58쪽.
67) 장장식, 앞의 글, 428쪽.

둘째, 조선 국왕의 관왕묘에 대한 자발적 제사와 국가 의례 제정 단계이다. 셋째, 관왕신앙을 관제신앙으로 승격하고 관제묘를 자발적으로 건립하는 단계이다. 넷째, 국가 주도의 관제묘의 해체와 민간신앙으로 편입되는 단계이다. 여기서 우리가 주목해야 할 것은 한국 관우신앙의 변천사는 외세에 맞선 조선왕조의 국력 변천사와 밀접하게 연결되어 있다는 점이다.[68]

한국에서는 유교에 대한 신앙은 있지만, 공자에 대한 개별적이고 개인화된 숭배를 찾아보기 어렵다. 그러나 관우의 경우에는 '관우신앙'이라 불리는 종교화된 신앙 체계가 존재한다. 공자가 유교의 시조로서 닫힌 체계로 한국에 받아들여진 반면에 관우는 도교의 신으로서 개방적인 신격을 띠고 한국에 수용된 것이다. 이러한 차이가 한국에서 공자와 관우를 신앙의 대상으로 삼는 데 큰 차이를 드러냈을 것이다.[69]

한국 관우신앙의 특성은 대체로 다섯 가지로 요약할 수 있다. 첫째, 관우는 충절과 의리를 표상하는 인물로 조망된다. 둘째, 관왕묘는 배청숭명의 의리 정신을 실현시키는 현실적 터전이었다. 관왕묘의 건립에는 사대주의적 성격이 들어 있음을 배제할 수 없다. 셋째, 관우는 조선후기 국가 의례 체계

---

68) 장장식, 앞의 글, 426쪽.
69) 유상규, 앞의 글, 4~5쪽.

에서 군신軍神 또는 무묘의 주신으로 받들어졌다.[70] 호국신의 성격으로 조망된 것이다. 넷째, 관우신앙은 조선 중기 소격서의 혁파 이래 와해되었던 민간 도교의 중심 역할을 해 왔다.[71] 다섯째, 관우신앙은 인간의 복록과 수명과 병마의 퇴치 등을 기원하는 민간의 기복 사상과 연계된다.

중국의 관우신앙이 일원화된 신격 체계 속에서 관우를 받들어 숭상하는 방식이라면, 한국의 관우신앙은 이원화된 양태로 이루어진 신격 체계이다. 한국의 관제신앙은 독립적 체계와 포괄적 체계로 구분할 수 있다. 독립적 체계는 관우만을 숭배대상으로 삼는 것이다. 관성교가 그 대표적인 예이다. 반면에 포괄적 체계는 여러 신을 모시면서 동시에 관우를 숭배하는 방식이다. 선음즐교, 난단 도교, 무속 신앙을 그 예로 들 수 있다. 관우를 숭배하는 신앙 체계가 독립적인가 포괄적인가에 따라 관우의 신격과 위상이 달라진다. 독립적 체계의 관우신앙에서는 관우가 문, 무, 복, 화和 등을 관장하는 다양한 신격을 지닌다.[72]

---

70) 김일권, 앞의 글, 186~187쪽.
71) 김일권, 앞의 글, 182쪽.
72) 유상규, 앞의 글, 5쪽.

동묘 정전에 새겨진 '천추의기千秋義氣'와 '만고충심萬古忠心'

'천추에 빛나는 의로운 기개'와 '영원토록 세상에 비길 데가 없는 충성스러운 마음'이라는 뜻으로 관운장의 의기와 충절을 칭송한다.

4. 증산도에서 관우의 위치와 역할

증산도에서 관우는 선천 세상에서 가장 대인대의大仁大義한 인물로서 "추상같은 절개와 태양같이 뜨거운 충의忠義"(『도전』 4:15:7)를 지닌 인물이다. 가을 개벽기에 '만고萬古의 충심忠心'과 '천추千秋의 의기義氣'를 지니고 후천의 선경 세계를 건설하는 개벽 일꾼의 충절과 의리의 대변인이다. 증산 상제는 관우의 충심과 의기를 높이 평가하여 그를 후천 새 세계의 조화 문명을 여는 조화정부造化政府의 주역인 '칠성령七星靈'의 한 성령聖靈(『도전』 439쪽)으로 발탁하였다.

우리는 아래에서 가을 개벽기의 천지 정신을 수호하는 충의의 화신인 관우가 증산도에서 어떤 위치와 역할을 차지하고 있는지를 네 가지 측면으로 나누어 살펴보려고 한다. 첫째, 증산도 사상의 핵심 과제의 하나인 천지공사는 관우와 어떤 연관성을 지니고 있는가 하는 문제이다. 둘째, '삼계해마대제三界解魔大帝'와 '삼계복마대제三界伏魔大帝'는 어떤 차이점이 있고, 어떤 측면에서 서로 연결될 수 있는가 하는 문제이다. 셋째, 관우는 후천 조화선경세계를 여는 개벽 일꾼과 어떤 연관성이 있는가 하는 문제이다. 넷째, 증산도에서 관우를 바라보는 시각은 중국이나 한국에서 관우를 바라보는 관점과 어떤 측면에서 다른가 하는 문제이다.

4.1 천지공사와 관운장

천지공사의 정의

천지공사란 무엇인가? 천지공사에서 천지는 단순히 하늘과 땅만을 지칭하는 것은 아니다. 천지에는 천지인 삼계三界뿐만 아니라 신명계神明界가 아울러 포괄되어 있다. 천지에는 천도天道와 지도地道와 인도人道뿐만 아니라 신도神道도 함께 포함되어 있다. 따라서 천지는 신도의 신명계를 포함하여 시공 속에 존재하는 모든 것을 통칭하는 것이다.

공사란 개인적인 사사로운 일과는 대비되는 공공적인 것에 관련되는 사무라는 뜻이다. 공사란 본디 관청이나 공공단체에서 처리하는 공적인 사무를 뜻한다. 그러나 천지공사에서 공사는 단순히 인간사회의 공공성을 뜻하는 것이 아니라 우주의 모든 일에 관계된 우주적 공공성을 가리킨다.[1]

천지공사는 삼계대권三界大權으로써 우주를 다스리는 증산

---

1) 원정근,『천지공사와 조화선경』(대전: 상생출판사, 2011), 20~21쪽.

상제가 신명계의 통일적 질서와 화해를 구축하고 그것을 바탕으로 삼아 선천 5만 년 동안 일그러지고 어그러진 구천지의 문명 질서를 바로잡기 위해서 행하였던 창조적 행위를 말한다. 따라서 천지공사에는 우주 만물의 자연적 운행 질서와 주재자의 창조적 주재 행위가 하나로 결합되어 있다.

천지공사는 우주 만물의 조화주가 우주적 통치 기구인 신도의 조화정부造化政府를 설치하여 언제 파멸될지도 모르는 총체적 위기 상황에 처한 온 생명을 구원하기 위한 거대한 우주적 기획 작업이다. 증산상제는 삼계대권의 조화권능을 직접 주재함으로써 통일 신단의 조화정부를 구성하고, 구천지의 문명 질서를 개벽함으로써 이 땅위에 신천지 신문명을 건설하여 천지와 신명과 인간을 동시에 구원하려는 것이다. 따라서 천지공사의 궁극적 과제는 어떻게 하면 인간 세상을 근본적으로 뒤바꿀 수 있는가 하는 데 있다.

천지공사는 원시반본原始返本의 3대 실천 이념인 보은, 해원, 상생을 그 주된 사상으로 삼고 있다. 보은은 천지의 근원적 은혜에 보답하여 우주 만물의 관계 실현을 도모하는 데 그 핵심이 있고, 해원은 우주를 가득 채운 원한을 풀어서 우주 만물의 관계 해소를 이루는 데 그 중점이 있으며, 상생은 모든 만물 사이의 갈등과 대립을 조장하는 기존의 상극 질서를 벗어나 자기도 살고 남도 살리는 상생의 질서 속에서 우주 만물의 관계망을 새롭게 구축하려는 데 그 초점이 있다.[2] 천지 공사는 두 가지 방식을 통해 구체적으로 현실화된다. 세운世運과 도운道運이 그것이다. 세운은 세상의 운로를 뜻하는 것으로 인간 세상의 역사 질서가 완결되어 가는 과정을 뜻하고, 도운은 대도의 운로를 뜻하는 것으로 증산상제의 무극대도의 가르침이 지상에 구현되어 가는 과정을 뜻한다.

인류사의 전개 과정이나 무극대도의 실현 과정도 우주 변화의 원리에 그 존재론적 기반을 두고 있다. 우주 생명이 생성·성장·성숙의 삼단계 변화 과정을 거치는 것처럼, 세계 질서와 대도 질서도 세 단계의 변화 과정을 거쳐서 완결된다. 연극으로 말하자면 3막으로 구성되어 있다. 이 3막으로 전개되는 변화 과정을 달리 표현하여 '삼변성도三變成道'(『도전』 5:356:4)라고 한다.

모사재천과 성사재인

천지공사는 상극 질서로 운행되어 온 선천 세상을 뜯고쳐서 상생 질서로 운행되는 후천 세상을 열려는 예정된 시간표이다. 우리가 살고 있는 이 지상에 창조적 조화 작용으로 넘치는 조화선경造化仙境의 이상세계를 건설하는 데 천지공사의 궁극적 목표가 있다. 그런데 천지공사는 어디까지나 후천선경세계를 만들기 위한 프로그램이기 때문에 건축에 비유하

2) 원정근, 앞의 책, 37쪽.

면 기초공사에 지나지 않는다. 그 궁극적 완성은 어디까지나 우주 역사의 창조적 주체인 인간의 손에 의해서 이루어질 수밖에 없다.

증산상제는 "평천하平天下는 내가 하리니 치천하治天下는 너희들이 하라"(『도전』 4:155:3)고 하였다. '평천하平天下'는 우주의 조화주가 천지공사를 행하여 선천 세상의 부조리와 불합리를 고치어 온 천하를 평안케 하는 창조적 행위를 말한다. 우주의 조화주가 '평천하'의 작업을 통해 새 우주 문명의 바탕판을 짜 놓은 것이다. 그 바탕판에 따라 실지로 후천의 새 우주 문명을 건설해 나가는 것을 온 천하를 다스리는 '치천하治天下'라고 한다. 이런 '평천하'와 '치천하'의 관계는 '모사재천謀事在天'과 '성사재인成事在人'의 관계로 달리 표현할 수 있다.

❀ 선천에는 모사謀事는 재인在人이요 성사成事는 재천在天
　이라 하였으나 이제는 모사는 재천이요 성사는 재인이
　다.(『도전』 4:5:4~5)

『삼국연의』에서 제갈량은 사마의와 상방곡上方谷에서 마지막 전투를 치른다. 사마의를 골짜기로 유인한 제갈량은 화공火攻으로 사마의의 군대를 몰살시키려고 하였다. 그 순간, 하늘에서 갑자기 폭우가 쏟아졌다. 제갈량은 "일을 꾸미는 것은 사람에게 달려 있지만, 일을 이루는 것은 하늘에 달려 있으니, 억지로 할 수 없도다!"[3]라고 탄식하였다.

그러나 증산상제는 후천세계에서는 일을 꾸미고 이루는 방식이 선천세계와는 다르다고 말한다. 선천에서는 사람이 일을 꾸미고 하늘이 그 일을 이루었지만, 후천에서는 하늘이 일을 꾸미고 사람이 그 일을 이룬다는 것이다. 이런 맥락에서, 증산상제는 선천은 '모사재인'과 '성사재천'의 시대였고, 후천은 '모사재천'과 '성사재인'의 시대라고 말한 것이다. 이는 앞으로의 세상이 하늘이 중심이 되었던 '천존시대天尊時代'에서 벗어나 인간이 모든 일의 창조적 주체가 되는 '인존시대人尊時代'로 전환된다는 말이다.

우주의 새 판짜기

천지공사는 우리 문화의 독특한 특성의 하나인 판 문화와 밀접한 연관성을 맺고 있다. 한국인들은 따로 혼자 놀기보다는 여럿이 한데 모여 놀기를 좋아한다. 명절이 되면, 한국인들은 피붙이를 만나고 조상의 산소를 참배하기 위해 온갖 어려움과 수고로움을 감수하더라도 힘겹고 고달픈 귀향길에 나선다. 그 이유는 조상 묘소를 참배하고 부모 형제와 일가친척을 만나 살가운 정을 나누기 위해서다. 사람들은 명절이나

---

3) "謀事在人, 成事在天, 不可强也!"

집안의 대소사로 모이게 되면 곧 신명나는 한 판의 '판놀음'을 벌인다. '판놀음'이란 널찍한 마당을 놀이판으로 하여 음악·춤·연극·씨름·곡예 따위를 판을 짜서 노는 것을 말한다.

'판'이란 말은 외국어로는 제대로 번역할 수 없고 다른 민족은 그 미묘한 어감을 좀처럼 파악할 수 없는 우리 민족의 고유한 말이다. 판은 '씨름판', '굿판', '춤판'과 같이 일반적으로 여러 사람들이 함께 참여하여 이루어지는 어떤 놀이나 일이 벌어지는 활동 공간으로서의 한마당을 의미한다. 그래서 "판을 벌이자", "판을 짜자", "판이 깨진다", "판이 식는다" 등의 표현을 한다. 그렇지만 판은 단순히 공간적인 장소만을 뜻하는 것은 아니다. 한 판·두 판(씨름 한 판, 바둑 한 판) 또는 첫 판·막 판(씨름 끝판, 바둑 결판)이라는 말에서 알 수 있듯이, "판 위에 숫자를 붙이면 시간 속에서 일어나는 횟수나 순서를 뜻하는 말이 된다."[4] 따라서 판에는 시간 개념도 함축되어 있다.

지금까지 인류는 시간과 공간이라는 시공판 속에서 울고 웃으며 살아왔다고 해도 지나친 말이 아니다. 그런데 문제는 오늘날 우리가 살고 있는 천지판이 총체적으로 병들어 치료가 불가능한 극단적인 상태로 치달리고 있다는 사실이다. 자연은 자연대로 생태계 파괴의 위기를, 인간은 인간대로 인간

---

4) 이어령, 「이어령의 미래가 보이는 마당」, 중앙일보 2001년 10월 24일 40판.

성 상실의 위기를, 사회는 사회대로 공동체성 붕괴의 위기를 맞고 있다. 판 그 자체가 송두리째 깨어질지도 모르는 총체적 위기 상황을 맞고 있다. 따라서 우리는 국가와 민족을 떠나서 전 지구적 차원의 해법을 모색하여 지금까지와는 전혀 다른 새 우주판을 짜지 않을 수 없다.

❊ 이 세계는 신명조화神明造化가 아니고서는 고쳐 낼 도리가 없느니라. 옛적에는 판이 작고 일이 간단하여 한 가지 신통한 재주만 있으면 능히 난국을 바로잡을 수 있었거니와 이제는 판이 워낙 크고 복잡한 시대를 당하여 신통 변화와 천지조화가 아니고서는 능히 난국을 바로잡지 못하느니라. 이제 병든 하늘과 땅을 바로잡으려면 모든 법을 합하여 써야 하느니라.(『도전』 2:21:2~5)

여기서 증산상제가 말하는 '판'은 전통적인 한국인의 판 문화를 우주론적 차원으로 확대한 것이다. 증산도에서 판은 좁은 의미에서 인간의 정치적, 사회적 활동이 이루어지는 공간일 뿐만 아니라, 넓은 의미에서 우주 그 자체를 뜻한다.[5] 한국인의 판 문화를 새로운 차원으로 승화시킨 것이 바로 증산도의 판 개념이다.

---

5) 오인제, 「증산도의 선후천론에 대한 현대적 해석-판(시스템)론을 중심으로」 (『증산도사상』 창간호: 대원출판사), 258쪽.

증산상제는 인간과 사회뿐만 아니라 우주 그 자체를 거대한 하나의 거대한 천지판으로 본다. 그 천지판에서 지난 선천 5만 년 동안 누적되어 온 인간과 신명의 문제점을 근본적으로 해결하기 위해, 증산상제는 우주의 새 판짜기를 시도한다. 새 우주의 판짜기가 바로 '천지공사'이다. 선천시대의 천지판은 대립과 투쟁의 상극 질서가 지배한 판이다. 인간과 자연, 인간과 신명, 신명과 신명 사이가 막히고 닫혀 있는 판이다. 그 결과 선천 말기의 천지판은 마침내 난장판이 되었다. 천지공사는 선천세계의 상극의 '죽임판'을 후천세계의 상생의 '살림판'으로 바꾸는 창조적 작업인 것이다.

❀ 현하의 천지 대세가 선천은 운運을 다하고 후천의 운이 닥쳐오므로 내가 새 하늘을 개벽하고 인물을 개조하여 선경세계를 이루리니 이때는 모름지기 새 판이 열리는 시대니라. 이제 천지의 가을 운수를 맞아 생명의 문을 다시 짓고 천지의 기틀을 근원으로 되돌려 만방萬方에 새기운을 돌리리니 이것이 바로 천지공사니라.(『도전』 3:11:3~4)

선천 세상의 묵은 하늘과 땅을 뒤집어 새 하늘과 새 땅으로 전환하려는 새로운 '천지의 판짜기'(『도전』 5:6:1)가 바로 천지공사이다. 우주 만물이 한 식구처럼 정겹게 살아갈 수 있는 지상낙원을 건립하려는 신천지의 새 판짜기인 것이다.

❀ 내가 하는 일은 도통한 사람도 모르게 하느니라. 나의 일은 판 밖에 있느니라. 무릇 판 안에 드는 법으로 일을 꾸미려면 세상에 들켜서 저해를 받나니 그러므로 판밖에 남모르는 법으로 일을 꾸미는 것이 완전하니라.(『도전』 2:134:1~4)

❀ 대저 천하사를 함에 때가 이르지 않아서 세상 사람들이 알게 되면 그 음해가 적지 않나니 그러므로 나는 판밖에서 일을 꾸미노라. 나의 일은 무위이화無爲以化니라.(『도전』 4:58:1)

증산상제는 지금까지 그 누구도 생각하지 못한 '남모르는 방법'으로 신천지의 새 판을 짠 것이다. 기존의 방법으로 판을 짜면, 세상 사람들의 방해와 음해를 받아 낭패를 볼 수도 있기 때문이다.

씨름판과 바둑판

증산상제는 세계 질서의 변화 과정인 세운을 '오선위기'라는 '다섯 신선이 바둑을 두는 형국'으로 전개되도록 하였다.

20세기 이후 세계 강대국의 파워 게임이 오선위기의 바둑 게임 양상으로 펼쳐지도록 짜 놓았다는 말이다. 국제 정치의 질서를 오선위기판을 둘러싸고 벌이는 한판의 각축판으로 돌아가게 만든 것이다.

❀ 내가 이제 천지의 판을 짜려 회문산回文山에 들어가노라.
　현하 대세를 오선위기五仙圍碁의 기령氣靈으로 돌리나니
　두 신선은 판을 대하고 두 신선은 각기 훈수하고 한 신
　선은 주인이라.(『도전』 5:6:1~3)

여기서 네 신선은 세계 4대 강국이고, 나머지 한 신선은 바로 세계 4대 강국의 각축장인 대한민국이다. 다섯 신선이 둘러싸고 있는 바둑판은 곧 한반도이다. 역사를 돌이켜 보면, 조선 왕조가 막을 내린 후 한반도를 무대로 한 강대국들의 세력 다툼이 연이어 일어났다. 4대 강국들이 한반도를 중심으로 치열한 세력 다툼을 벌여온 것이 지난 20세기 역사였다. 20세기 초 한반도와 만주 땅을 놓고 일본과 러시아가 힘을 겨루었고, 1930년대에는 한반도를 강점한 일본과 그에 맞서는 중국이 맞붙었고, 민족상잔의 아픔을 가져 온 6·25 사변 때는 미국과 소련이 맞붙었다.

하지만 오선위기의 바둑 게임은 때가 되면 끝이 나고, 그 때

가 되면 "판과 바둑은 주인에게 돌아가게"(『도전』5:6:6) 된
다. 지금까지 한국은 강대국의 틈바구니에서 타의에 의해 그
운명이 결정되었지만, 세운의 막판에 이르면 주체적으로 그
운명을 결정하고 세계사를 주도적으로 이끌게 된다.

그런데 오선위기 양상으로 전개되는 세계 질서는 세 차례
의 큰 변화 과정을 거치면서 바뀌게 된다. 증산상제는 삼단계
의 변화 과정을 애기판, 총각판, 상씨름판이라는 씨름판에 비
유하였다.

❀ 현하 대세가 씨름판과 같으니 애기판과 총각판이 지난
뒤에 상씨름판으로 판을 마치리라. … 씨름판대는 조선
의 삼팔선에 두고 세계 상씨름판을 붙이리라. 만국 재
판소를 조선에 두노니 씨름판에 소가 나가면 판을 걷게
되리라.(『도전』5:7:1~4)

씨름판에서 애기판은 나이 어린 소년들이 겨루는 판이고,
총각판은 청년들이 겨루는 판이며, 상씨름판은 상투를 튼 어
른들이 겨루는 판이다. 세운에서 애기판이란 제1차 세계대
전을 말하고, 총각판은 제2차 세계대전을 가리킨다. 상씨름
판은 남북간에 겨루는 인류사의 마지막 전쟁으로 1950년에
6·25 사변으로 시작되어 아직 종결되지 않았다.

세계질서와 관우

증산상제는 천지공사의 세계 질서를 변혁시키는 중심인물로 충의의 화신인 관운장을 선정한다. 1907년 4월 태인 관왕묘의 제원으로 있던 신경원에 집에 머물면서, 증산상제는 관운장을 세운공사에 참여하도록 천명을 내렸다. 관운장이 조선에서 극진한 공대를 받았기 때문에 세계 질서를 근원적으로 바꾸는 대공사에 참여해야 한다는 것이다.

✽ 4월에 신원일을 데리고 태인 관왕묘 제원關王廟 祭員 신경원辛京元의 집에 머무르실 때 하루는 원일, 경원과 함께 관왕묘에 가시어 관운장關雲長에게 천명을 내리시며

태인 관왕묘

전북 정읍시 태인면 항가산恒伽山에 세워졌으나 지금은 관왕묘의 터만 남아 있다.

공사를 행하시니라. 이 때 상제님께서 말씀하시기를 '이제 동양에서 서양 세력을 몰아내고 누란累卵의 위기에 처한 약소국을 건지려면 서양 열강 사이에 싸움을 일으켜야 하리라. 관운장이 조선에 와서 극진한 공대를 받았으니 그 보답으로 당연히 공사에 진력 협조함이 옳으리라.' 하시고 양지에 글을 써서 불사르시며 관운장을 초혼하시니 경원은 처음 보는 일이므로 이상하게 생각하니라. 이 때 자못 엄숙한 가운데 상제님께서 세계 대세의 위급함을 설하시고 서양에 가서 대전쟁을 일으키라는 천명을 내리시거늘 관운장이 감히 거역할 수는 없으나 선뜻 마음이 내키지 않아 머뭇거리는지라 상제님께서 노기를 띠시며 '때가 때이니만큼 네가 나서야 하나니 속히 나의 명을 받들라. 네가 언제까지 옥경삼문玉京三門의 수문장 노릇이나 하려느냐!' 하고 엄중히 꾸짖으시니라. 관운장이 그래도 대답을 아니하매 상제님께서 관운장의 수염을 휙 잡아당기시고 옷을 찢어 버리시니 이 때 조상彫像에서 삼각수三角鬚의 한 갈래가 떨어지니라. 이렇게 하룻밤을 지새시며 '이 놈, 저놈' 하고 불호령을 내리시거늘 관운장이 마침내 굴복하고 상제님의 명을 받들어 서양으로 가니라.(『도전』 5:166:1~11)

증산상제는 옥경玉京의 수문장으로 있던 관우를 불러 그에게 "서양에 가서 대전쟁을 일으키라."는 천명을 내렸다. 하지만 관운장은 증산상제의 명을 받고도 처음에는 몹시 주저하고 망설였다. 살아생전에 수많은 사람을 죽인 그로서 또 다시 사람 죽이는 일을 하는 것이 마음에 내키지 않았기 때문일 것이다. 결국 증산상제에게 그가 아끼는 수염이 끊기는 굴욕을 당하고 밤새도록 꾸지람을 듣고 나서야 비로소 서양으로 가서 세계 전쟁을 일으키는 주역이 되었다.

그렇다면 증산상제는 왜 세계 전쟁으로 국제 질서의 물줄기를 끌고 가게 했을까? 그 이유 중의 하나로 20세기 초 인류 역사의 현실과 연결시켜 생각해 볼 수 있다. 19세기 후반기부터 서양 제국주의 열강들은 앞을 다투어 아시아와 아프리카의 약소국을 그들의 식민지로 만들기에 열을 올렸다. 선천의 상극 질서에 의한 약육강식이 우주의 가을 개벽을 앞둔 선천 말대에 극한의 상황으로 치닫기 시작한 것이다. 이런 위기 상황을 증산상제는 "동양의 약소국들이 쌓아 놓은 계란과 같은 위험에 처해 있다."고 표현하였다. 이 바람 앞의 등불 같은 동양을 구하기 위해서는 서구 세력을 동양 땅에서 몰아내야만 한다. 그러기 위해서 증산상제는 서양의 강대국들끼리 전쟁을 붙였다. 서양 강대국들 사이의 자중지란으로 서양이 동양을 넘볼 수 없게 한 것이다.

증산상제는 관운장이 세운공사의 주역으로 서양에서 세계

대전에 참여하고 있기 때문에 관왕묘에 치성을 드리는 것이 부질없다는 사실을 이렇게 밝히고 있다.

❀ 하루는 상제님께서 김성연金成淵과 함께 말을 타고 관왕묘에 이르시어 말씀하시기를 '내가 관운장을 서양으로 보냈는데 여기서 무슨 제사를 지내느냐.'하시고 성냥을 그어 관왕묘에 불을 지르려 하시다가 성연의 간곡한 만류로 그만두시니라.(『도전』5:166:13~15)

❀ 전주 김준찬의 집에 계실 때 김덕찬과 김낙범 등이 모시니라. 하루는 낙범에게 물으시기를 '관왕묘에 치성이 있느냐?' 하시니 낙범이 '있나이다.' 하고 대답하거늘 말씀하시기를 '관운장이 지금 이 지방에 있지 않고 서양에 가서 큰 난리를 일으키고 있나니 치성은 헛된 일이니라.' 하시니라.(『도전』5:401:1~3)

그렇다면 증산상제는 왜 하필 관운장을 서양으로 보내 세계대전을 일으키는 인물로 선정한 것일까?

❀ 관운장關雲長은 병마대권兵馬大權을 맡아 성제군聖帝君의 열列에 서게 되었나니 운장이 오늘과 같이 된 것은 재주와 지략 때문이 아니요 오직 의리 때문이니라. 천지간

에 의로움보다 더 크고 중한 것은 없느니라. 하늘이 하지 못할 바가 없지마는 오직 의로운 사람에게만은 못하는 바가 있느니라. 사람이 의로운 말을 하고 의로운 행동을 하면 천지도 감동하느니라. 그러므로 나는 천지의 모든 보배를 가지 않은 것이 없으나 의로움을 가장 으뜸가는 보배로 삼느니라. 나는 추상같은 절개와 태양같이 뜨거운 충의忠義를 사랑하노라.(『도전』 4:15:1~7)

중국과 조선에서 공통적으로 '성스러운 임금', 즉 성제군聖帝君으로 받드는 이가 바로 관운장이다. 관운장은 병마 대권을 맡은 군대의 통수권자로서 무장으로는 최고의 자리에 오른 것이다. 많고 많은 장수들 중에서 관운장이 이 영예를 안은 것은 다름 아닌 가을 서릿발 같은 굳은 절개와 태양같이 뜨거운 충성스러움과 의로움 때문이다. 재주가 출중하고 지혜와 계략이 뛰어나서가 아니다. 모든 일을 진심을 다하여 충직하고 의롭게 처리하는 자세, 즉 의를 목숨보다 중히 여기는 품성 때문에 관운장이 중용된 것이다.

충의의 화신, 관운장

의義는 가을의 정신이다. 봄은 인仁의 정신으로 만물을 한없이 낳고, 가을은 의의 정신으로 만물의 결실을 엄정하게 심판한다. 우주의 봄여름 세상인 선천 시대가 끝나고 새롭게 도래할 우주의 가을 세상인 후천에서 가장 중요한 정신이 바로 정의이다. 선천 세상의 부조리와 불합리를 엄정하게 밝혀 불이익과 불평등이 없는 평화와 통일의 후천 세상을 여는 데 요구되는 정신이 다름 아닌 정의인 것이다. 더구나 사람 죽이는 전쟁으로 선천 말대 역사를 심판함에 있어서는 더더욱 불의와 타협하지 않는 의의 정신이 요구된다. 때문에 증산상제는 관운장을 선천 말대의 천지전쟁을 일으키는 선봉장으로 내세운 것이다.[6]

의로움은 주로 인간과 인간 사이(군주와 신하 사이, 스승과 제자 사이, 부모와 자식 사이, 친구와 친구 사이 등)의 관계에서 마땅히 지켜야 할 도리를 말한다. 인간과 인간 사이, 특히 스승과 제자 사이의 의리를 보여준 대표적인 예가 바로 추사 김정희와 그의 제자인 역관 이상적李尙迪 사이이다. 예나 지금이나 달면 삼키고 쓰면 뱉는 것이 세상의 차가운 인심이다. 그러나 이상적은 평생토록 자기를 가르쳐 준 추사 선생의 은혜에 보답하기 위해 온갖 어려움을 마다하지 않았다. 추사는 평생토록 자기와의 인연을 소중하게 지켜준 이상적의 의리에 감탄하여 영원히 서로 잊지 않기를 간절히 바라는 '장무상망長毋相忘'의 의미에서 '세한도歲寒圖'[7]를 그려준 것이다. '세한

6) 안경전, 『천지성공』(대전: 상생출판, 2010), 214쪽.
7) 세한도歲寒圖 는 소나무와 잣나무인 '송백' 을 소재로 그린 그림이다. '세한'

도'는 사람과 사람 사이의 따뜻한 마음과 올곧은 의리를 보여 주는 살아 생동하는 예술 작품인 것이다.

그러나 증산도에서 의로움은 단순히 인간과 인간 사이에만 한정되는 것이 아니다. 왜냐하면 증산도에서 의로움은 인간 사회를 포함한 우주 만물 사이의 올바른 관계를 새롭게 정립하기 위한 것이기 때문이다. 관운장은 증산상제에 의해 인류 역사상 가장 정의로운 인물로 표상되어 신천지의 가을 정신을 대변하는 인물로 선정된 것이다. 여기에는 구천지의 상극 질서를 바로잡아 서양 제국주의의 불의를 타파하고 '천지의 정의'를 세우려는 증산상제의 깊은 속뜻이 담겨 있다.

❊ 천지신명이 나의 명을 받들어 가을 운의 대의大義로써 불의를 숙청하고 의로운 사람을 은밀히 도와주나니 약한 자는 가을에 지는 낙엽같이 떨어져 멸망할 것이요, 참된 자는 온갖 과실이 가을에 결실함과 같으니라. 그러므로 이제 만물의 생명이 다 새로워지고 만복萬福이 다시 시작되느니라. 『도전』 2:43:5~7)

지금은 후천 가을철의 운수의 대의大義로써 구천지의 상극 질서에서 비롯되는 온갖 불의를 깨끗이 청산하고, 모든 생명

이란 말은 『논어』「자한」의 "날씨가 차가워진 뒤라야 소나무와 잣나무의 잎이 뒤늦게 시듦을 알 수 있다."(歲寒然後, 知松柏後凋也.)에 나오는 말이다.

이 새 생명과 온갖 축복을 얻어 제자리에서 제 모습을 온전히 발현하면서 살아갈 수 있는 무량대운無量大運의 때를 맞이하였다. 증산상제는 인간 세상의 정의 사회를 구현하기 위해서는 무엇보다 먼저 구천지의 상극 질서를 바로잡아야 한다고 보았다. 증산상제가 우주의 새 판짜기인 천지공사를 본 것은 바로 그 때문이다.

증산도의 정의관은 봄에는 낳고 가을에는 죽이는 '춘생추살春生秋殺'(『도전』 8:62:3)의 천지 정신에 근거하여 후천 세상의 정의로운 세상을 만들기 위한 것이다. 후천 가을철 운수의 대의大義를 가지고 신천지의 새 세상을 건립하려는 정의가 바로 '천지의 정의', 즉 '천지정의'인 것이다. 이는 배은과 원한과 상극이 난무하는 구천지의 잘못된 사회질서를 근원적으로 바로잡아 보은과 해원과 상생이 강물처럼 흘러넘치는 신천지 조화세계造化世界를 만들기 위한 정의이기 때문이다.

4.2 삼계해마대제와 삼계복마대제

증산도에서 신도 세계는 매우 중요한 의미를 지니고 있다. 신도는 천도와 지도와 인도와 더불어 사중주를 이루면서, 우주만 물의 창조적 조화작용造化作用을 주관하기 때문이다. 이

때문에 증산도에서는 신도를 '신도조화神道造化'또는 '신명조
화神明造化'라고 부르는 것이다.

관우와 운장주

증산도에서 관우는 관성제군關聖帝君, 성제군聖帝君, 관운
장關雲長, 삼계복마대제三界伏魔大帝, 천존관성제군天尊關聖帝
君 등으로 불린다. 관우는 신도 세계의 병마대권兵馬大權을 지
닌 신병神兵의 대장군이자, '삼계복마대제三界伏魔大帝'(『도전』
5:347:11)로서 천지인 삼계의 모든 삿된 기운과 마귀를 물리
치는 역할을 한다.

그렇다면 '마魔'란 무엇이고, '복마伏魔'란 무엇인가? '마'는
크게 두 가지 종류로 나눌 수 있다. 첫째, 사람의 마음에서 드
러나는 것으로 인간 스스로 마를 불러들이는 것이다. 이때의
마는 사악한 기운을 말한다. 사람이 사악한 생각을 하면, 그
생각에 따라 우주의 사악한 기운이 그 사람에게 감응하는 경
우이다. 둘째, 인간으로 살다 간 신명들 중에 사악한 신명, 또
는 남에게 해를 입고 원망을 품은 척신 등이 마신魔神으로 작
용한다. 일반적으로 마는 난동을 부리기 전에 가만히 엎드려
호시탐탐 기회를 엿본다. 그래서 마는 곧 복마伏魔이다. 구도
求道의 세계에서는 복마가 기회를 엿보고 있다가 수행자가 지
치거나 마음이 흐트러질 때 번개같이 나타나 온갖 방해 공작

을 하며 수행을 중단시키려 한다.

청나라의 왕유광王有光은 『오하언련吳下諺聯』에서 "도가 한 자 높아지면, 마가 열 길 높아지네. 봉우리에 오르고 나면, 마가 절로 물러나네"(道高一尺. 魔高十丈. 到得登峰. 則魔自退.)라고 하였다. 왕유광의 말처럼, 사람의 도가 높아질수록 마신도 도통을 막기 위해 더욱더 기승을 부리는 법이다. 도를 닦기 위해서는 복마의 방해를 극복해야 한다. 그러기 위해서는 삼계의 복마를 항복시키는 '삼계복마대제'인 관운장의 도움을 받지 않을 수 없다. 주목해야 할 것은 '삼계복마대제'에서 '복마'는 앞서 말한 '복마'와는 그 의미를 달리한다는 사실이다. '삼계복마'에서 '복마'는 천지인 삼계의 마를 굴복시킨다는 뜻이다. 따라서 증산도에서 '복마伏魔'는 이중적 의미를 지닌 것이다.

관운장에게 빌어 복마를 극복하는 주문이 바로 '운장주雲長呪(관성주關聖呪)'이다. '운장주'는 척신과 복마가 발동할 때 사악한 기운을 제거하고 모든 마를 끌러 천하를 안정케 하는 주문이다.(『도전』 11:180:7) 복마의 발동을 제어하고 통제할 수 있는 큰 조화력을 빌릴 수 있는 '대차력주大借力呪'인 것이다.

❈ 기유년 봄에 와룡리에 사는 황응종이 누런 암탉 한 마리를 가지고 와서 상제님께 올리니 말씀하시기를 "황계黃

鷄가 동하니 필시 적벽대전赤壁大戰의 조짐이라. 어서 관운장을 불러 화용도華容道의 목을 단단히 지키게 하리라." 하시고 일어서시어 멀리 청도원 쪽을 바라보며 손을 흔드시니 문득 동남풍東南風이 일어나니라. 이에 글을 써서 불사르시고 형렬에게 그 닭을 삶아 오게 하시어 성도들과 나누어 잡수신 뒤에 운장주雲長呪를 써 주시니 이러하니라.

天下英雄關雲長 依幕處 謹請 天地八位諸將
천하영웅관운장 의막처 근청 천지팔위제장

六丁六甲 六丙六乙 所率諸將 一別屛營邪鬼
육정육갑 육병육을 소솔제장 일별병영사귀

唵唵急急 如律令 娑婆訶
엄엄급급 여율령 사파하

또 말씀하시기를 "이 글이 대차력주大借力呪니라." 하시고 성도들로 하여금 한 번 보아 외우게 하시니 이때 참석한 사람은 형렬, 공숙, 찬명, 자현, 갑칠, 송환, 광찬, 응종 등이더라.(『도전』 5:363:1~8)

'운장주'는 증산도의 주요 주문 가운데 하나이다. '운장주'를 읽음으로써 천지의 모든 마를 굴복시키는 관운장의 보살핌과 은혜를 입어 온갖 삿된 기운의 침범과 마신의 공격으로부터 자신을 지키게 된다. 충의의 화신으로 추앙을 받는 관운장은 삼계의 복마와 척신을 제어할 수 있는 도력道力을 지니고 있기 때문에 '운장주'를 많이 읽으면 의로움이 충만하여

마신의 발동을 막을 수 있는 신묘한 능력을 얻게 된다.[8]

삼계해마대제와 천지진액주

그러나 문제는 '삼계복마대제'는 일시적으로 마를 굴복시킬 수 있기는 하지만 마신의 발동을 근원적으로 막을 수는 없다는 사실이다. 우리는 이런 사실을 다음의 '천지진액주'를 통해 살펴볼 수 있다.

❀ 또 진액주를 가르쳐 주실 때 말씀하시기를 "이 글은 천지의 진액이니라. 내가 이 주문을 지어 읽으니 천지만신이 춤을 추는구나." 하시고 이어 말씀하시기를 "진액주 하나만 가지고도 천하를 세 번 뒤집고도 남는다." 하시니라. (『도전』3:221:4~5)

新天地 家家長世 日月日月 萬事知
신천지 가가장세 일월일월 만사지

侍天主 造化定 永世不忘 萬事知
시천주 조화정 영세불망 만사지

福祿誠敬信 壽命誠敬信 至氣今至願爲大降
복록성경신 수명성경신 지기금지원위대강

明德 觀音 八陰八陽 至氣今至願爲大降
명덕 관음 팔음팔양 지기금지원위대강

三界解魔大帝神位 願趁天尊關聖帝君
삼계해마대제신위 원진천존관성제군

....
8) 안경전, 『증산도의 진리』(서울: 대원출판사, 2010), 477쪽.

'천지진액주'는 천지의 모든 진액과 정수가 담겨 있는 주문이다. "진액주에는 하늘과 땅의 개벽 섭리, 천지 안에 사는 모든 인간의 녹과 명의 문제가 고스란히 담겨 있으며, 하늘과 땅이 생명력을 회복하고 인간이 우주와 영생하는 후천선경의 도비道秘가 내재되어 있다."[9] 모든 주문은 살아 움직이는 생명의 기운이 갈마들어 있어 말이 씨가 되는 신통한 조화력을 지닌 것이기 때문에 오직 체험으로만 알 수 있을 뿐이지 말로는 명확하게 설명할 수 없다.

그러나 이 주문의 대의는 세 가지 측면에서 나누어 설명할 수 있다. 첫째, '천지진액주'에서 말하는 신천지는 후천개벽으로 구천지가 새롭게 태어나는 것을 말한다. 신천지에서 하늘과 땅과 사람이 다시 거듭나는 것을 말한다. "천갱생天更生, 지갱생地更生, 인갱생人更生"(『도전』 9:185:4)이 바로 그것이다. 신천지에서는 지구촌의 모든 집안이 한 식구가 되는 천지일가(우주일가, 세계일가)를 이루고, 집집마다 무병장수하는 새 세상을 이룬다. 그것을 '천지진액주'에서는 '가가장생家家長生'이라고 노래한다. 그 이유는 신천지가 창조적 조화작용造化作用이 철철 넘치고 충만한 세계이기 때문이다. 둘째, 천지조화의 존재근거는 조화주인 천주(상제)이다. 인간이 조화주인 천주를 모시고 섬겨서 자기의 조화력을 온전히 발현할 때,

---

9) 『도전』 3: 221: 1 측주.

후천의 조화세계를 열 수 있을 뿐만 아니라 인간의 지혜는 해와 달처럼 환하게 밝아서 모든 일을 있는 그대로 훤히 아는 만사지萬事知의 경지에 도달할 수 있다. 셋째, 인간 삶의 두 가지 근본 과제는 복록과 수명이다. 복록과 수명은 모두 일심의 성경신에 달려 있다. 일심으로 정성과 공경과 믿음을 실천하는 일이다. 가을 천지의 지극한 조화의 기운으로 무궁한 복록과 영원한 수명을 성취하기를 기원하는 것이다.[10]

해마의 이중적 의미

'천지진액주'의 마지막 제5구에 '삼계해마대제三界解魔大帝' (『도전』3:221:6)라는 말이 있다. '삼계복마대제'의 '복마'라는 말이 '해마'라는 말로 바뀌어 있다. 그렇다면 '해마'란 무슨 뜻이고, '삼계해마대제'는 누구일까?

증산도에서 '해마解魔'는 이중적 의미를 지닌다. '삼계해마대제'에서 '해解'는 '선해후해先解後解'의 두 가지 의미를 동시에 지니기 때문이다. 앞의 '해'는 마신이 제 하고 싶은 대로 풀어놓는다는 '마신의 방출'을 뜻하고, 뒤의 '해'는 마신의 온갖 난동과 발동을 근원적으로 막아서 해소한다는 뜻이다. 이는 마치 '해원'에서 '해'가 이중적 의미를 지닌 것과 같다. '해원'의 첫 번째 의미는 상극 질서에 따라 생겨난 지금까지의 세상

---

10) 안경전, 앞의 책, 449~453쪽.

사람들의 원한을 '난법해원'의 차원에서 맘껏 풀어놓아 각자 스스로 그 원한을 풀게 한다는 뜻이다. 두 번째 '해원'의 의미는 인간이 원한의 시비가 생겨나기 이전의 본래적인 마음 상태인 천지일심을 회복함으로써 '진법해원'을 통해 원한 그 자체를 본질적으로 해소하는 것을 말한다.[11] 따라서 '해마'는 모든 마를 풀어놓음과 동시에 마의 문제를 근원적으로 풀어 버린다는 이중적 의미를 지닌 것이다.

※ 나는 해마解魔를 주장하는 고로 나를 따르는 자는 모든 복마伏魔가 발동하나니 복마의 발동을 잘 받아 이겨야 복이 이어서 이르느니라. 시속에 '화복禍福'이라 이르나니, 이는 복보다 화가 먼저 이름을 말함이로다. 이르는 화를 잘 견디어 받아야 복이 이어서 이르느니라. 좋은 복을 내려 주어도 이기어 받지 못하면 그 복이 다른 곳으로 돌아가느니라.(『도전』 9:2:1~5)

※ 나는 해마解魔를 위주로 하나니, 이는 먼저 어지럽게 하고 뒤에 바로잡는 천지의 이치 때문이니라. 그러므로 나를 따르는 자에게는 모든 마魔가 먼저 발동하나니 능히 시련을 받고 나야 복福이 이르느니라.(『도전』 2:25:1~3)

---

11) 유철, 『근본으로 돌아가라』(대전: 상생출판사, 2011), 206~207쪽.

증산상제는 우주의 모든 마를 풀어놓은 이유를 분명하게 밝히고 있다. 모든 일이 먼저 어지럽게 된 뒤에야 그 모든 문제점을 파악하여 근본적으로 바로잡을 수 있는 '선란후치先亂後治'의 우주 이치 때문이라는 것이다. 증산상제는 마신이 제멋대로 발동하도록 풀어놓으면서도 궁극적으로 마신의 문제를 근원적으로 해결하는 "해마를 주장"(『도전』 9:2:5)하고 "해마를 위주"(『도전』 2:25:1)로 하여 천지공사를 집행하였다.

증산상제의 주재主宰에 따라 '해마'의 권능을 직접 쓰는 지극한 존재가 바로 '삼계해마대제'이다. '삼계해마대제'와 '삼계복마대제'는 그 신격에서 뚜렷한 차이가 있다. '삼계복마대제'는 발동한 마신의 기운을 꺾어 사람이 해를 입지 않도록 보살펴 주는 신령인 관성제군이고, '삼계해마대제'는 마를 근본적으로 척결하여 인간사회의 마를 원천적으로 해소하는 신령으로 관성제군과는 무관한 존재이다. 그런데도 김탁은 '삼계해마대제'와 '삼계복마대제'를 구분하지 않고 있다. 그는 『한국의 관제신앙』에서 명나라 신종이 내린 시호인 '삼계복마대제'와 삼계의 마를 근원적으로 해소하는 '삼계해마대제'를 구별하지 않음으로써[12] 불필요한 오해를 불러일으킨다.

---

12) 김탁, 앞의 책, 110쪽.

4.3 개벽일꾼과 관운장

가을 개벽기는 인간을 포함한 천지 안의 모든 생명이 각기 제자리를 찾아 돌아가서 제 모습을 온전하게 실현하는 '천지성공시대天地成功時代'(『도전』 2:43;4)이다. 또한 가을 개벽기는 모든 생명의 삶과 죽음이 결정되는 매우 중대한 시기이기도 하다. 왜냐하면 가을 개벽기는 "생사판단生死判斷을 하는 때"(『도전』 2:44:3)이기 때문이다. 그렇다면 가을 개벽기에 인간이 어떻게 하면 천지성공시대의 주역이 될 수 있는가?

천지정신과 개벽일꾼

증산상제는 후천개벽시대의 개벽 일꾼의 심법을 우주 변화의 원리에 근거하여 다음과 같이 밝혀주고 있다.

❀ 상제님께서 옛사람을 평론하실 때는 매양 강태공, 석가모니, 관운장, 이마두를 칭찬하시니라. 상제님께서 말씀하시기를 "일꾼된 자 강유剛柔를 겸비하여 한편이라도 기울지 아니하여야 할지니 천지의 대덕大德이라도 춘생추살春生秋殺의 은위恩威로써 이루어지느니라." 하시니라. 또 말씀하시기를 "의로움(義)이 있는 곳에 도道가 머물고, 도가 머무는 곳에 덕德이 생기느니라." 하시니라.

하루는 말씀하시기를 "사람이란 벌처럼 톡 쏘는 맛이 있어야 하느니라." 하시니라.(『도전』 8:62:1~5)

우주 만물의 근원인 천도天道와 지덕地德은 천지정신인 '춘생추살春生秋殺'의 자연이법으로 이루어진다. 모든 만물의 근원인 천지는 생명을 살리는 은혜와 죽이는 위엄을 동시에 지닌다.[13] 이와 마찬가지로 개벽 일꾼도 대인대의의 세상을 만들기 위해서는 강剛과 유柔를 동시에 겸비해야 한다. 만약 천도와 지덕이 단지 우주 만물을 낳기만 주장하고 죽이지 않는다면, 우주 만물의 연속적 순환 작용이 일어날 수 없다. 따라서 천지를 본받아 개벽 일꾼도 춘생의 부드러움과 추살의 강건함을 동시에 지녀야 한다.

그러나 증산상제는 '춘생추살'에 입각하여 '인'과 '의', '유'와 '강'을 동시에 겸전兼全할 것을 강조하면서도 '의'와 '강'의 중요성을 더욱더 강조한다. 왜냐하면 가을 개벽기에 천도와 지덕이 온전하게 발현되기 위해서는 '의'와 '강'의 정신이 더욱 요청되기 때문이다.

❉ 지금은 온 천하가 가을 운수의 시작으로 들어서고 있느니라. 내가 하늘과 땅을 뜯어고쳐 후천을 개벽하고 천하의 선악善惡을 심판하여 후천 선경의 무량대운無量大運

---

13) 안운산, 『천지의 도 춘생추살』(서울: 대원출판사, 2007), 44쪽.

을 열려 하나니 너희들은 오직 정의正義와 일심一心에 힘
써 만세의 큰 복을 구하라. 이때는 천지성공시대天地成功
時代니라. (『도전』 2:43:1~4)

가을 개벽기에 모든 생명을 하나로 통일하여 새롭게 거듭
나게 하기 위해서는 구천지의 묵은 상극 기운을 말소해야 한
다. 따라서 '인'보다 '의'가 더욱더 중시된다. 증산상제는 '의'
의 중요성을 이렇게 강조한다. "나는 천지의 모든 보배를 가
지지 않은 것이 없으나 의로움을 가장 으뜸가는 보배로 삼느
니라."(『도전』 4:15:6)

관운장은 증산도의 개벽 일꾼에 필요한 두 가지 덕성인
'내성외웅內聖外雄'을 양전兩全한 이상적 인물이다.(『도전』
9:62:1~5) 관운장이 후천 개벽기의 개벽 일꾼의 표상으로 간
주되는 것은 그가 바로 충의의 화신이기 때문이다. 후천 개
벽기에 천지성공의 무량대운無量大運을 열기 위해서는 정의와
일심이 요망된다. 천지정의天地正義를 구현하기 위해서는 천
지만물을 한마음으로 삼는 천지일심이 필요한 것이다.

천지정의의 수호신, 관우

그렇다면 증산도 사상에서 관우는 어떤 위치와 역할을 차
지하는 것일까? 증산도에서 관우는 '천지정의'를 수호하는 선

봉장으로 활약했던 충의의 파수꾼이었다. 증산도에서 정의의 문제는 단순히 인간 세상의 사회정의에 한정되는 것은 아니다. 왜냐하면 증산도의 정의관은 신천지에서 모든 사람이 독자적 자유와 관계적 조화를 맘껏 누릴 수 있는 새 정의관이기 때문이다. 증산도의 정의관은 구천지의 상극적 우주 질서를 신천지의 상생적 우주 질서로 바꾸려는 '천지공사'와 밀접한 관련성이 있다. 지금까지의 잘못된 구천지의 상극 질서를 새로운 신천지의 상생 질서로 전환시킴으로써 인간사회를 포함한 우주 만물의 새 천지정의를 구현하기 위한 것이다. 따라서 증산도에서 '천지정의天地正義'는 '천지개벽天地開闢', '천지공사天地公事', '천지성공天地成功', '천지조화天地造化', '천지정신天地精神', '천지일심天地一心', '천지일가天地一家' 등과 유기적 연관성을 맺고 있다.

증산도에서 충의의 수호신인 관운장이 등장하는 궁극적 이유는 '천지(세계, 우주, 건곤)의 정의'와 밀접한 연관성이 있다. 관운장은 신도 세계의 병마대권자로서 천지전쟁에 참여하여 구천지의 불의와 부조리를 없애고 정의로운 세계 질서를 건립하려고 했던 것이다. 그리하여 관운장은 세계와 인간의 관계를 근원적으로 재정립함으로써 후천의 조화선경낙원을 건설하는데 동참하려고 했던 것이다.

또한 관운장은 후천개벽의 주역인 개벽 일꾼에게 닥쳐오는 여러 가지 환난과 역경을 딛고 천지정의를 수호함으로써 후천개벽의 대과업을 완수케 할 수 있는 굳건한 조화력造化力을 제공한다. 따라서 증산도에서 '충의의 화신'인 관운장은 크게 보아 두 가지 의미를 지니고 있다. 하나는 후천개벽의 천지공사에 참여한 세운공사의 주역이고, 다른 하나는 후천개벽의 천지공사를 실현하려는 개벽 일꾼의 진정한 본보기이다.

나오는 말

지금까지 우리는 중국에서 관우신앙이 어떻게 생겨났고, 어떤 과정을 통해 전개되었으며, 어떤 특성을 지니고 있는가를 살펴보았다. 또한 중국의 관우신앙이 어떻게 한국에 유입되고 어떤 형태로 정착되고 변화되었는지를 알아보았다. 중국과 한국의 관우신앙을 살펴본 것은 증산도의 관우신앙을 살피기 위한 기본 전제였다.

중국의 관우신앙은 송나라 이후 청이 멸망할 때까지 국가의 주도와 관리 아래 지속되었다. 한족 정권이든 이민족 정권이든, 외부의 침입으로부터 국가를 보호하고 정권의 안정을 확보하기 위해서다. 민간에서는 『삼국연의』의 등장과 함께 관우신앙이 들불같이 일어났다. 중국인이 사는 곳이면 어디든지 관우사당이 있다는 말처럼, 명청 이래 전국 곳곳에 관제묘가 우후죽순처럼 생겨났다. 민중들은 관우신앙을 통해 각자의 소망과 염원을 빌었다.

한국은 임진왜란을 계기로 명나라의 장수들에 의해 관왕묘가 설립되었다. 선조는 관왕묘에 대한 사대부와 민중들의 반발에도 불구하고 관우신앙에 관심을 보였다. 관우신앙을 통해 신하들과 무사들의 충성심을 끌어내어 정권의 유지와 왕실의 안녕을 위한 조처였다. 관우신앙은 선조 이후 왕권 강화를 목적으로 국가에서 주도하여 이루어진다. 조선에서 관우신앙에 대해 가장 적극적인 관심을 보인 왕은 고종이다. 고종은 황제로 즉위하면서 이전까지 무안왕으로 봉했던 관우를 황제로 격상시킨다. 외세의 침략으로부터 왕실과 국가를 수호하기 위한 방책으로 관우신앙을 활용한 것이다.

선조 즉위 전후로 한국에 유입된 것으로 추정되는 『삼국연의』는 장안의 화제가 되면서 민간에서의 관우신앙을 불러일으키는데 결정적인 계기를 제공하였다. 흥미로운 점은 이순신도 『삼국연의』를 읽고 제갈공명을 닮고자 했다는 점이다.[1] 또한 『임진록』이 민간에 널리 보급되면서 관우신앙을 전개하는 데 일조하였다. 민중들은 관우신앙을 통해 질병이나 고통으로부터 해방되고자 하였다. 또한 많은 사람들이 관왕묘에 들러 유희를 즐기고 나들이의 장소로 삼기도 하였다.

그러나 관우신앙은 조선의 국운과 함께 사라지는 비운을 맞는다. 일제의 강압에 의해 관우신앙이 국가 제사에서 제외되고, 관제묘에 대한 신앙이 금지됨에 따라 점차 쇠퇴하기 시작한다. 그 뒤 일어난 한국의 신종교에 의해 관우신앙이 겨우 그 명맥을 유지한다. 관우신앙은 다시 무속 종교와 결합되면

---

1) 박종평, 『흔들리는 마흔, 이순신을 만나다』(서울: 흐름출판, 2013)

서 오늘날까지도 형태를 달리하여 제 모습을 지키고 있다.

증산도에서 "추상같은 절개와 태양같이 뜨거운 충의"를 지닌 관운장은 신천지를 여는 새로운 인물로 태어난다. 증산도에서 관운장은 삼계의 복마와 척신의 발동을 막고 굴복시키는 역할을 수행하는 '삼계복마대제'이다. '삼계복마대제'로서의 관운장은 '삼계해마대제'를 보좌하여 크게 두 가지 역할을 수행한다. 하나는 우주 만물을 새롭게 뜯어고쳐 새 하늘 새 땅 새 사람을 건립하려는 세운공사의 주역이다. 다른 하나는 신천지의 조화문명을 건립하는 충의로운 개벽 일꾼의 표상이다.

증산도에서 관운장은 중국이나 한국의 관우신앙과는 그 특성을 뚜렷이 달리한다. 왜냐하면 증산도에서 관운장은 가을 개벽기에 천지정의의 수호신으로 등장하기 때문이다. 관운장이 수호하는 '천지정의'는 인간사회의 정의에 대한 근원적 반성을 토대로 하여 이루어진다. 구천지의 상극 질서에서 벗어나 신천지의 상생 질서에 입각한 우주적 정의를 세우려는 것이다. 여기에 증산도에서 정의를 문제로 제시하는 그 근본적인 이유가 있다. 따라서 증산도의 정의관은 지금까지의 그 어떤 정의와도 구별되는 뚜렷한 특성을 지니고 있다고 하겠다.

관우와 연관된 연표[2]

연도	연호	내용	비고
160년	한漢 환제桓帝 연희延熙 3년	▶ 관우 출생	조조 6세
161년	한 환제 연희 4년	▶ 유비 출생	
175년	한 영제靈帝 희평熹平 4년	▶ 손책 출생	
178년	한 영제 광화光和 원년	▶ 관평 출생	
179년	한 영제 광화 2년	▶ 사마의 출생	
181년	한 영제 광화 4년	▶ 제갈량 출생	
181년	한 영제 광화 5년	▶ 손권 출생	
184년	한 영제 광화 8년	▶ 장각의 황건적의 난이 일어남	
200년	한 헌제獻帝 건안建安 5년	▶ 관우가 조조의 포로가 됨 ▶ 관우가 편장군이 됨 ▶ 관우가 한수정후로 봉해짐 ▶ 관우가 조조를 떠나 유비에게로 돌아감 ▶ 손책이 죽고 손권이 뒤를 이음	
201년	한 헌제 건안 6년	▶ 관우가 유비를 따라 원소를 떠나 감	

---

2) 관우의 연표는 『관우신앙과 관제묘』(2003년 인하대박물관 학술심포지움 발표논집)에 나오는 '관우현상 대사년표'를 참조하여 재구성하였다.

연도	연호	내용	비고
213년	한 헌제 건안 18년	▶ 조조가 위공魏公이 됨	
216년	한 헌제 건안 21년	▶ 조조가 위왕魏王이 됨	
219년	한 헌제 건안 24년	▶ 유비가 한중왕漢中王이 됨 관우가 전장군이 됨관우가 아들 관평과 함께 임저에서 참수를 당함	
220년	한 환제桓帝 원년 위魏 문제文帝 황초黃初 원년	▶ 관우의 머리가 조조에게 전달됨 조조가 병으로 죽음 한 헌제가 폐위되고 조비가 위 문제로 즉위	
221년	위 문제 황초 2년	▶ 유비의 촉한 건국제갈량이 승상이 됨장비가 부하에게 암살됨	
221년	위 문제 황초 4년	▶ 유비가 죽고 유선이 즉위	
234년	위 명제明帝 청룡靑龍 2년	▶ 제갈량이 오장원에서 병으로 죽음	
260년	위 원제元帝 경원景元 원년 촉 후주 경요景耀 3년	▶ 관우가 장무후의 시호를 받음	
263년	위 원제 경원景元 4년	▶ 촉의 후주 유선이 위에 항복	
265년	진 무제武帝 태시泰始 원년	▶ 사마소가 죽고 사마염이 즉위사마염이 진을 세움	
280년	진 무제 태강太康 원년	▶ 오의 멸망 진의 삼국 통일	

참고문헌

1. 경전류

- 증산도도전편찬위원회편,『도전』(서울: 대원출판사, 2003.)
- 『道藏』(北京: 文物出版社外, 1988.)
- 『藏外圖書』(北京: 巴蜀書社, 1992.)
- 『雲級七籤』(北京: 華夏出版社, 1996.)
- 方北辰注譯,『三國志注譯』(西安: 陝西人民出版社, 1995.)
- 김원중역,『정사 삼국지』(서울: 민음사, 2007.)
- 饒彬校注,『三國演義』(臺北: 三民書局, 2010.)
- 李民外,『尙書譯注』(上海: 上海古籍出版社, 2000.)

2. 단행본

- 갈조광, 심규호 옮김,『도교와 중국문화』(서울: 동문선, 1993.)
- 『관우신앙과 관제묘』(2003년 인하대박물관 학술심포지움 발표 논집.)
- 김낙필,『조선시대의 내단사상』(서울: 대원출판사, 2005.)
- 김삼용,『한국 미륵신앙의 연구』(서울: 동화출판공사, 1987.)
- 김운회,『김운회 교수의 삼국지 바로읽기』(서울: 삼인, 2004.)
- 나채훈,『관우의 의리론』(서울: 보아스, 2012.)
- 류짜이푸저, 임태홍외,『쌍전: 삼국지와 수호지는 어떻게 동양을 지배했는가』(서울: 글항아리, 2012.)
- 마이클 샌델, 이창신 옮김,『정의란 무엇인가』(서울: 김영사 2010)

- 서전무저, 정원기역,『우리가 정말 알아야 할 삼국지 상식 백가지』(서울: 현암사, 2005.)
- 유교사전편찬위원회.『유교대사전』(서울: 박영사, 1990.)
- 박종평,『흔들리는 마흔, 이순신을 만나다』(서울: 흐름출판, 2013.)
- 유철,『근본으로 돌아가라』(대전: 상생출판사, 2011.)
- 안운산,『천지의 도 춘생추살』(서울: 대원출판사, 2007.)
- 안경전,『증산도의 진리 제2강』(서울: 대원출판사,2001.)
- 안경전,『개벽 실제상황』, (서울: 대원출판사, 2005.)
- 안경전,『천지성공』(서울: 상생출판, 2010.)
- 안경전,『증산도의 진리 개정판 1쇄』(서울: 대원출판사, 2010.)
- 원정근,『천지공사와 조화선경』(대전: 상생출판사, 2011.)
- 유본예외 역,『한경지략』(서울: 탐구당, 1981.)
- 이능화, 이종은 옮김,『조선도교사』(서울: 보성문화사, 1990.)
- 이동철외,『21세기의 동양철학(서울: 을유문화사, 2005.)
- 이마이즈미준노스케, 이만옥 옮김,『관우』(서울: 예담, 2000)
- 이석호,『이태백과 도교』(서울: 집문당, 1981.)
- 이성규,『사기』(서울: 서울대출판부, 1987.)
- 이여추,『김운초와 유여시 그리고 한중 기녀문학』(서울: 소통, 2013.)
- 이원국, 김낙필외 옮김,『내단』(서울: 성균관대출판부, 2006.)
- 이재곤,『서울의 민간신앙』(서울: 백산출판사, 1996.)
- 이혜순,『조선조 후기 여성 지성사』(서울: 이화여대출판부, 2007.)
- 이혜순,『한국 고전 여성작가의 시세계』(서울: 이화여대출판부,

2005.)

- 임철호, 『임진록연구』(서울: 정음사, 1986.)
- 종로문화원편, 『동묘자료집』(서울: 종로문화원, 1997)
- 정재서, 『도교와 문학 그리고 상상력』(서울: 푸른숲, 2000.)
- 정재서, 『불사의 신화와 사상』(서울: 민음사, 1994.)
- 정재서, 『한국 도교의 기원과 역사』(서울: 이화여자대학출판부, 2006.)
- 정철생저, 정원기역, 『삼국지시가감상』(서울: 현암사, 2007.)
- 중국철학회, 『중국철학의 이단자들』(서울: 예문서원, 2000.)
- 조셉 켐벨, 이윤기 옮김, 『신화의 힘』(서울: 이글리오, 2007.)
- 최문정, 『임진록연구』(서울: 박이정, 2001.)
- 최부지음, 박원호역주, 『표해록역주』(서울:고려대출판부, 2006.)
- 최우석, 『삼국지 경영학』(서울: 을유문화사, 2011.)
- 최창록, 『한국도교문학사』(서울: 국학자료원, 1997.)
- 한명기, 『임진왜란과 한중관계』(서울: 역사비평사, 1999.)
- 溝口雄三외 저, 김석근외 옮김, 『중국사상문화사전』(서울: 민족문화문고, 2003.)
- 金晟煥, 『黃老道探源』(北京: 中國社會科學出版社, 2008.)
- 孔令宏, 『宋明道敎思想硏究』(北京: 宗敎文化出版社, 2002.)
- 橋本敬造, 『中國占星術の世界』(東京: 東方書店, 1999.)
- 盧曉衡主編, 『關宇, 關公和關聖』(北京: 社會科學文獻出版社, 2002)
- 詹石窓, 『道敎文化十五講』(北京: 北京大學出版社, 2003.)
- 劉固盛, 『道敎老學史』(湖北: 華中師範大學出版社, 2008.)
- 馬書田, 『中國道敎諸神』(北京: 團結出版社, 1996.)

- 文史知識編輯部, 『道敎與傳統文化』(北京: 中華書局, 1992.)
- 蜂屋邦夫, 欽偉剛譯, 『金代道敎硏究』(北京: 中國社會科學出版部, 2007.)
- 福永光司, 『道敎思想史硏究』(東京: 岩波書店, 1988.)
- 福井文雅, 『道敎の歷史と構造』(東京: 五曜書房, 1999.)
- 四川大學宗敎硏究所編, 『道敎神仙信仰硏究』(北京: 人民出版社, 2000.)
- 小林正美, 『六朝道敎史硏究』(東京: 創文社, 1990.)
- 小林正美, 『中國の道敎』(東京: 創文社, 1998.)
- 申喜萍, 『南宋金元時期的道敎文藝美學思想』(北京: 中華書局, 2007.)
- 呂宗力外, 『中國民間諸神 下』(石家庄: 河北人民出版社, 1996)
- 王卡主編, 『道敎三百題』(上海: 上海古籍出版社, 2000.)
- 熊鐵基外主編, 『道敎文化十二講』(合肥: 安徽敎育出版社, 2004.)
- 李剛, 『何以中國根柢全在道敎-』(成都: 四川出版集團, 2008.)
- 任繼愈主編, 『中國道敎史』(上海: 上海人民出版社, 1990.)
- 丁培仁, 『求實集』(四川: 巴蜀書社, 2006.)
- 丁四新, 『郭店楚墓竹簡』(北京: 東方出版社, 2000.)
- 陳霞, 『道敎勸善書硏究』(成都: 巴蜀書社, 1999.)
- 中國道敎協會道敎文化硏究所外合編, 『道敎敎義的現代闡釋』(北京: 中國宗敎文化出版社, 2003.)
- 淺野裕一, 『古代中國の宇宙論』(東京: 岩波書店, 2006.)
- 湯一介, 『中國宗敎: 過去與現在』(北京: 北京大學出版社, 1992.)
- 胡孚琛, 『魏晉神仙道敎』(北京: 人民出版社, 1989.)

3. 논문

- 강돈구, 「금강대도의 현재와 미래」(『종교연구』제65집, 한국종교 학회, 2011.)

- 강돈구, 「미륵신앙과 미륵대도」(『신종교연구』, 한국신종교학회, 2001.)

- 강춘애, 「한국 관묘와 중국 관우희 연구」(『샤머니즘 연구』제4호, 한국샤머니즘학회, 2002.)

- 구은아, 「중국의 관공신앙고찰: 관공신앙의 역사적 전개와 현대 관공문화를 중심으로」(『동북아문화연구』제30집, 동북아시아문 화학회, 2012.)

- 구은아, 「서울의 관제묘와 관제신앙」(『문명연지』제13권, 한국문 명학회, 2012.)

- 김상범, 「관우신앙의 초기전개와 도, 불과의 만남」(『한국외국어 대학교역사문화연구』특별호, 한국외국어대학교역사문화연구소, 2005.)

- 김상엽, 「『관성제군성적도지』삽화」(『동양고전연구』제22집, 동양 고전학회, 2005.)

- 김윤경, 「조선 후기 민간도교의 발현과 전개-조선후기 관제신 앙, 선음즐교, 무상단-」(『한국철학논집』제35집, 한국철학사연 구, 2011.)

- 김윤수, 「고종시대의 난단도교」(『동양철학』제30권, 동양철학회, 2008.)

- 김일권, 「한말시기 도교적인 종교정체성과 삼교통합주의 흐름: 관왕신앙의 성장과 선음즐교를 중심으로」(『종교연구』제32집, 한

국종교학회, 2003.)

- 김필래, 「관우설화 연구」(『한성어문학』제17호, 한성대학교, 1998.)

- 남덕현, 「중국 고전시가 속의 관우 모습」(『중국학연구』 제62집, 중국학연구회, 2012.)

- 남덕현, 「관우숭배의 근원」(『중국연구』 제52권, 한국외국어대학교중국연구소, 2011.)

- 남덕현, 「관우 문화현상 고찰」(『CHAINA 연구』 제10집, 부산대학교중국학연구소, 2011.)

- 남덕현, 「관우 신격화의 요인고찰」(『중국연구』 제46권, 한국외국어대학교중국연구소, 2009.)

- 박동운, 「삼국지 병법 3국정립 이후 〈1〉-관우의 비장한 최후」(『북한』, 북한연구소, 2008.)

- 박신영, 「《삼국연의》의 관우형상화가 그 신격화에 끼치는 영향」(부산대 석사학위논문, 2004.)

- 심승구, 「조선후기 무묘(武廟)의 창건과 향사(享祀)의 정치적 의미-관왕묘를 중심으로」(『조선시대의 정치와 제도』, 집문당, 2003.)

- 심승구, 「관왕묘 의례의 재현과 공연예술화 방안」(『공연문화연구』 제24권, 한국공연문화학회, 2012.)

- 오기승, 『관성제군명성경』을 통해서 본 전근대시기의 관우 인식: 세계와 역조봉호를 중심으로」(『생활문물연구』: 서울, 국립민속박물관, 2010.)

- 오인제, 「증산도의 선후천론에 대한 현대적 해석-판(시스템)론을 중심으로-」(『증산도사상』 창간호, 대원출판사, 2000.)

- 윤창열, 「관운장의 정의로운 삶과 운장주」(『월간개벽』 2007년 7월호, 대원출판사.)
- 이경선, 「관우신앙에 관한 고찰」(『경제연구』 제8집, 한양대학교, 1974.)
- 이상환, 「한국 신종교의 삼성제군 역할연구: 금강대도를 중심으로」(공주대학교 석사학위논문, 2010.)
- 이승환, 「결과주의와 동기주의의 대결: 진량과 주희의 왕패 논쟁」(『논쟁으로 보는 중국철학』, 예문서원, 1996.)
- 이용범, 「신종교와 무속: 한국 신종교 의례와 민간신앙 의례」(『신종교연구』 제9권, 한국신종교학회, 2003.)
- 이유나, 「조선 후기 관우신앙 연구」(『동학연구』 제20호, 한국동학학회, 2006.)
- 이은봉, 「한국과 일본에서의 『삼국지연의』의 전래와 수용」(『동아시아고대학』 제23집, 동아시아고대학회, 2010.)
- 이은봉, 「『삼국지연의』의 수용 양상 연구」(인천대학교 박사학위논문, 2007.)
- 이정재, 「명청 이후 돈역신 관우에 대한 검토–관우의 돈역 역할 여부에 대한 논의를 포
- 함하여」(『중국문학』제70집, 한국중국어문학회, 2012.)
- 이정희, 「숭의묘 건립과 숭의묘 제례악」(『공연문화연구』 제19권, 한국공연문화연구학회, 2009.)
- 이종성, 「민간도교 신격의 한 전형: 『보경』의 열 가지 도교 신격과 특성을 중심으로」(『동서철학연구』 제60호, 한국동서철학회, 2011.)
- 이형태, 「개항장의 관제신앙」(『인천역사』 제4호, 인천광역시 역사

자료관 역사문화연구실, 2007.)

- 장장식, 「서울의 관왕묘 건치와 관우신앙의 양상」(『민속학연구』 제14호, 국립미술박물관, 2004.)

- 장준구, 「중국의 관우도상: 명·청대 회화에서의 전개와 시대적 변용을 중심으로」(『미술자료』, 국립중앙박물관, 2007.)

- 장진아, 「국립중앙박물관 소장 〈관우도〉와 조선 시대 관우의 이미지」(『동원학술논문집』제9집, 한국고고미술연구소, 2008.)

- 전인초, 「관우」(『인문과학』제78권, 연세대인문과학연구소, 1997.)

- 전인초, 「관우의 인물조형과 관제신앙의 조선전래」(『동방학지』, 연세대국학연구원, 2006.)

- 조재송, 「『삼국연의』 관우형상화의 사상적 고찰」(『중국학연구』 제16권, 중국학연구회, 1999)

- 하정용, 「일본의 관제묘와 관우신앙에 대하여」(『민속학연구』 제13호, 국립민속박물, 2003.)

찾아보기

온 인류에게 후천 5만년 조화선경의 꿈을 열어주는

한민족의 문화원전 도전

서구에 신약이 있고

인도에 베다와 불경이 있고

중국에 사서오경이 있다면

이제 온 인류에게는 『道典』문화가 있습니다

초기 기록으로부터 100년 만에 드디어 완간본 출간!

하늘땅이 함께하는 진정한 성공의 비밀을 알고 싶습니까?
세계를 지도하는 한민족의 영광을 만나고 싶습니까?
마침내, 가을개벽을 맞이하는
세계 역사 전개의 청사진을 보고 싶습니까?
상생의 새 진리 원전 말씀, 『도전』을 읽어 보세요
이 한권의 책 속에 세계일가 시대를 여는
놀라운 상생 문화의 비전이 담겨 있습니다.

『도전』에는 후천가을의 새 문화 곧 정치·종교·역사·과학·여성·어린이 문화 등 미래 신문명의 총체적인 내용이 모두 함축되어 있습니다. 서양 문명의 중심이 신약 한권에서 비롯되었듯이, 후천 5만년 상생의 새 역사는 이 『도전』 한 권으로 열립니다.

『도전』 읽기 범국민 운동 이제 당신도 참여할 수 있습니다

전국 주요 서점, 케이블TV STB상생방송,
www.jsd.or.kr (증산도 공식 홈페이지)에서
『도전』을 만나보세요

甑山道
道典

증산도 도전편찬위원회 편찬 | 최고급 양장 | 대원출판

인류 통일문명의 놀라운 비전과 대변혁 이야기

이제 인간 삶의 목적과 깨달음,
새롭게 태어나는 내일의 참모습을
속 시원하게 밝혀주는 멋진 새이야기가 시작된다

개벽 실제상황

안경전 지음
크라운판 | 전면 칼라
560쪽

이 책에는 길을 찾아 방황하는 오늘의 우리 이야기에서 시작하여 신천지가 열리는 원리(1부), 뿌리 뽑힌 한민족혼과 한민족사의 진실(2부), 동서 문화의 뿌리인 신교神敎의 맥과 인간으로 오신 상제님이 여시는 새 역사의 길(3부), 대개벽의 실제상황과 개벽의 의미(4부), 그리고 구원의 새 소식과 개벽 후에 지상에서 맞이하는 아름다운 세상 이야기(5부)가 담겨 있다. '언제쯤 진정한 개벽 소식, 구원 소식을 들을 수 있을까?' 라고 새 소식에 목말라 했다면, 이제 당신은 샘물을 찾은 것이다.